职业教育汽车类专业活页式新形态创新教材

新能源汽车构造与维修

主　编　朱小东　岑东骏　曾　雁

参　编　吴高飘　张胜龙　许　娴

　　　　王兴华　汤灼丽　张家莲

　　　　海春伟　陈子超

机械工业出版社

本书包含五个能力模块，分别是：了解新能源汽车、新能源汽车高压系统组成的认知、混合动力汽车结构与原理的认知、纯电动汽车基本构造与原理的认知、充电系统结构认识与检测，每个能力模块聚焦新能源汽车构造的核心知识点，并配套典型工作任务，构建了更加合理的新能源汽车构造学习认知体系。

　　本书可供中等职业学校汽车类专业学生学习使用，也可以作为新能源汽车后市场从业人员的自学用书，还可供新能源汽车工程技术研究人员阅读参考。

图书在版编目（CIP）数据

新能源汽车构造与维修 / 朱小东，岑东骏，曾雁主编.
— 北京：机械工业出版社，2023.10
职业教育汽车类专业活页式新形态创新教材
ISBN 978-7-111-74112-1

Ⅰ.①新… Ⅱ.①朱… ②岑… ③曾… Ⅲ.①新能源－汽车－构造－中等专业学校－教材②新能源－汽车－车辆修理－中等专业学校－教材
Ⅳ.①U469.7

中国国家版本馆CIP数据核字（2023）第192128号

机械工业出版社（北京市百万庄大街22号　邮政编码100037）
策划编辑：谢　元　　　　　　责任编辑：谢　元
责任校对：王荣庆　张　薇　　封面设计：王　旭
责任印制：常天培
北京宝隆世纪印刷有限公司印刷
2024年1月第1版第1次印刷
184mm×260mm·10.5印张·174千字
标准书号：ISBN 978-7-111-74112-1
定价：49.90元

电话服务　　　　　　　　　网络服务
客服电话：010-88361066　　机 工 官 网：www.cmpbook.com
　　　　　010-88379833　　机 工 官 博：weibo.com/cmp1952
　　　　　010-68326294　　金 书 网：www.golden-book.com
封底无防伪标均为盗版　机工教育服务网：www.cmpedu.com

前　言

　　为深入贯彻党的二十大精神，落实中共中央办公厅、国务院办公厅印发的《关于深化现代职业教育体系建设改革的意见》，加快构建央地互动、区域联动、政行企校协同的职业教育高质量发展新机制，有序有效推进现代职业教育体系建设改革，教育部办公厅发布了《关于加快推进现代职业教育体系建设改革重点任务的通知》，其中重点任务第八条开展职业教育优质教材建设明确指出，优质教材建设将重点面向战略性新兴产业、先进制造业、现代服务业、现代农业等领域，深化产教融合、协同育人，科学严谨、内容丰富、形态多样、反映行业前沿技术，鼓励行业牵头或行业、企业、学校等共同开发。根据该文件精神，本书编者拜访并联合了一批知名行业专家、资深职教名师、一线教师和一线从业者，得到多方的支持与帮助，按照"专业与产业、职业岗位对接，专业课程内容与职业标准对接，教学过程与生产过程对接"的"三对接"要求，编写了《新能源汽车构造与维修》。

　　本书讲述新能源汽车的发展及分类、国内外新能源汽车典型车型、新能源汽车发展历程、新能源汽车高压系统组成的认知、混合动力汽车结构与原理的认知、纯电动汽车基本构造与原理的认知、充电系统结构认识与检测等知识内容。全书分为5大能力模块、10个典型工作任务。本书根据职业教育的特点和规律，以培养高素质技能型人才为目标，注重理实一体化，以典型工作任务为导向，用任务驱动的方式，循序渐进，将新能源汽车构造与维修的基本核心内容呈现给学生。书中插入大量的图片和新鲜的行业资讯，结合典型工作任务，配合任务执行步骤，方便教师使用。

　　本书的主要特色有以下3点：

　　1. 教材知识结构合理、层次清晰，每个能力模块包含典型工作任务，搭配任务计划清单，操作步骤清晰，易教易学。

2.教材内容符合职业教育理念，注重新能源汽车后市场，对接行业、企业、职业标准，体现新知识、新技术、新工艺、新方法等。

3.教材每个模块都设置了清晰可操作的任务目标与评价，使学生在学习时能明确学习目标与期望，从而让教师的教学更加得心应手，能更加合理地评估学生学习效果。

教材编写过程中，我们参考了大量的图书和资料，部分文字、图片取自网络，同时也得到汽车行业、企业的大力支持，在此表示感谢！

限于编者水平，教材中难免会有错漏之处，请大家批评指正！

编　者

目　录

前言

能力模块一　了解新能源汽车

知识准备 /002

典型工作任务 /002

任务 01　了解新能源汽车的发展及分类 /002

任务 02　了解国内外新能源汽车典型车型 /009

任务 03　了解新能源汽车发展历程 /016

能力模块二　新能源汽车高压系统组成的认知

知识准备 /022

典型工作任务 /049

任务 01　电机控制器 IGBT 桥臂状态的检测 /049

任务 02　高压配电箱熔断器的检测 /059

能力模块三　混合动力汽车结构与原理的认知

知识准备 /068

典型工作任务 /082

任务　车辆基本信息及安全检查作业 /082

能力模块四　纯电动汽车基本构造与原理的认知

知识准备 /090

典型工作任务 /108

任务 01　执行纯电动汽车高压断电操作 /108

任务 02　高压互锁的检测 /117

能力模块五　充电系统结构认识与检测

知识准备 /126

典型工作任务 /146

任务 01　交流充电系统低压故障排除 /146

任务 02　OBC 及其电路故障诊断与排除 /153

参考文献 /161

Module 01

能力模块一
了解新能源汽车

低碳化代表着汽车产业不断降低能源消耗和污染物排放的技术趋势。低碳化主要包括传统动力技术和传动技术的升级、新能源技术和混合动力技术的发展，最终指向节能汽车和新能源汽车。本模块主要概述了新能源汽车的类型及其特点等，简述了如何利用网络、图书文献等资源检索目前国内外主流新能源汽车技术现状及发展趋势，构建更为完整的新能源汽车认知体系。

能力目标

知识目标
- 了解新能源汽车的发展趋势。
- 了解新能源汽车的分类及特点。
- 了解新能源汽车发展历程。

技能目标
- 能判断出新能源汽车所属种类并说出其特点。
- 能说出国内外常见的新能源汽车品牌。
- 学会利用网络、图书文献等资源检索目前国内外主流新能源汽车技术现状及发展趋势，构建更为完整的新能源汽车认知体系。

素养目标
- 养成严谨科学的工作态度。
- 养成独立探讨、团结协作的精神。
- 养成总结反思的习惯，为下次训练积累经验。

知识准备

新能源汽车是指采用非常规的车用燃料作为动力来源（或使用常规的车用燃料、采用新型车载动力装置），综合车辆的动力控制和驱动方面的先进技术，形成的技术原理先进、具有新技术、新结构的汽车。

新能源汽车包括四大类型：混合动力电动汽车（简称混合动力汽车、混动汽车）、纯电动汽车、燃料电池电动汽车（简称燃料电池汽车）、其他新能源（如超级电容器、飞轮等高效储能器）汽车等。非常规的车用燃料指除汽油、柴油之外的燃料。

当前，全球新一轮科技革命和产业变革蓬勃发展，汽车与能源、交通、通信等领域有关技术加速融合，电动化、网联化、智能化成为汽车产业的发展潮流和趋势。新能源汽车是全球汽车产业转型升级、绿色发展的主要方向，也是我国汽车产业高质量发展的战略选择。汽车产品形态、交通出行模式、能源消费结构和社会运行方式正在发生深刻变革，为新能源汽车产业提供了前所未有的发展机遇。

典型工作任务

任务 01 了解新能源汽车的发展及分类

一、新能源汽车的定义

2009 年，国家发布了《汽车产业调整振兴计划》，其中公布的《新能源汽车生产企业及产品准入管理规则》对"新能源汽车"做出了明确的定义："新能源汽车是指采用非常规的车用燃料作为动力来源（或使用常规的车用燃料，采用新型车载动力装置），综合车辆的动力控制和驱动方面的先进技术，形成的技术原理先进，具有新技术、新结构的汽车。"

二、新能源汽车的发展趋势

随着科学技术的发展，新能源汽车主要有以下发展趋势。

1）突破电池技术是关键。作为动力源，现在还没有任何一种电池能与石油相提并论，动力蓄电池已成为限制电动汽车发展的瓶颈。因此，研究和开发对环境无污染、成本低廉、性能优良的动力蓄电池，是大量推广使用新能源汽车的前提。

2）驱动电机多样化发展。美国倾向于采用交流感应电机，其主要优点是结构简单、可靠、质量较小，但控制技术较复杂。日本多采用永磁无刷直流电机，优点是效率高、启动转矩大、质量较小，但成本高，且有高温退磁、抗振性较差等缺点。德国、英国等大力开发开关磁阻电机，优点是结构简单、可靠、成本低，缺点是质量较大，易于产生噪声。

3）受续驶里程的影响，纯电动汽车向超微型发展。这种汽车降低了对动力性和续驶里程的要求，充电过程比较简单，车速不高，较适合于市内或社区小范围内使用。

4）混合动力汽车是内燃机汽车和纯电动汽车之间的过渡产品，既充分发挥了现有内燃机技术优势，又尽可能发挥电动机驱动无污染的优势。

5）燃料电池汽车成为竞争的焦点。燃料电池汽车在成本和整体性能上，特别是续驶里程和补充燃料时间上明显优于其他电池的电动汽车，并且燃料电池所用的燃料来源广泛，又可再生，还可以实现无污染、零排放等环保标准。因此，燃料电池汽车已成为世界各大汽车公司激烈竞争的焦点。燃料电池及氢动力发动机车型被看作新能源汽车终极解决方案。

6）开发新一代车用能源动力系统，发展新能源汽车。重点发展各种液态燃料发动机及其混合动力汽车，并逐步过渡到发展采用生物燃料的混合动力汽车和可充电的混合动力汽车；进一步发展以天然气为主体的气体燃料基础设施，分步建设长期可持续利用的气体燃料供应网络；以天然气发动机为基础，发展各种燃气动力，尤其是天然气/氢气内燃机及其混合动力；发展新一代燃料电池发动机及其混合动力；大力推进动力蓄电池的技术进步，发展适合中国国情的纯电动汽车，尤其是微型纯电动汽车。以城市公交车辆为重点，以点带面，稳步推进新能源汽车的示范与商业化。

另外，政府对加快新能源汽车的发展起着至关重要的作用，政府要加大资金投入和政策引导；企业要加大对新能源汽车研发的力度；同时，要加大示范运行范围和力度，为新能源汽车规模化、产业化发展做准备。

三、新能源汽车的分类

全球范围内，地球为人类提供的能源主要包括石化燃料（煤、石油、天然气等）、水能、生物能、风能、太阳能、潮汐能、地热能、核能等。而考虑到传统汽车燃料所带来的自然与社会影响，替代燃料的研究与应用成为实现汽车产业可持续发展的必然选择。根据《新能源汽车生产企业及产品准入管理规则》的规定，新能源汽车包括混合动力电动汽车（Hybrid Electric Vehicle，HEV）、纯电动汽车（Electric Vehicle，EV）、燃料电池电动汽车（Fuel Cell Electric Vehicle，FCEV）、氢发动机汽车、其他新能源（如高效储能器、二甲醚）汽车等。

1. 混合动力电动汽车

混合动力电动汽车是指那些既采用传统燃料，又配以电动机／发动机，来改善低速动力输出和燃油消耗的车型。典型车型代表有本田雅阁混动、丰田凯美瑞双擎、比亚迪·汉混动、吉利星越 L 混动等，如图 1-1~ 图 1-4 所示。

图 1-1 本田雅阁 2022 款锐·混动锐酷版

图 1-2 丰田凯美瑞 2022 款双擎 2.5HE 精英 PLUS 版

图 1-3 比亚迪·汉 2022 款 DM-i 121KM 尊享型

图 1-4 吉利星越 L2022 款雷神 Hi·F 油电混动版

目前，混合动力电动汽车多采用传统燃料的燃油发动机与电力的混合方式。依据动力系统结构的不同，通常有串联式、并联式、混联式三种。其关键技术为混合动力系统，它直接影响到混合动力电动汽车的整车性能。

（1）串联式混合动力电动汽车（SHEV）

串联式混合动力电动汽车有时候也被定义为增程式电动汽车。其功率源至少为两种不同的能量装置，例如传统的将燃料的化学能转化为机械能输出的内燃机和能储存电能的电池系统，图 1-5 所示为典型的串联式混合动力电动汽车结构。

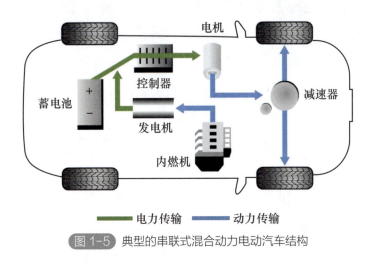

图 1-5 典型的串联式混合动力电动汽车结构

串联式混合动力电动汽车从总体结构上看比较简单，易于控制，其特点更加趋近于纯电动汽车。发动机、发电机、驱动电机三大部件总成在电动汽车上布置起来，有较大的自由度，但各自的功率较大，外形较大，重量也较大，在中小型电动汽车上布置有一定的困难。另外，在发动机 – 发电机 – 电机驱动系统中的热能 – 电能 – 机械能的能量转换过程中，能量损失较大。故串联式混合动力电动汽车适用于大型汽车上，但小型汽车上也有应用。典型车型有：丰田卡罗拉双擎、丰田雷凌双擎、丰田雅力士等。

（2）并联式混合动力电动汽车（Parallel Hybrid Electric Vehicle，PHEV）

并联式混合动力电动汽车总体结构如图 1-6 所示。

发动机和电机共同驱动汽车，发动机与电机分属两套系统，可以分别独立地向汽车传动系统提供转矩，也可以共同驱动。典型车型代表有本田 Insight、本田飞度混合动力等。

当汽车加速爬坡时，电机和发动机能够同时向传动机构提供动力，一旦车速达到巡航速度，汽车就将仅依靠发动机维持该速度。

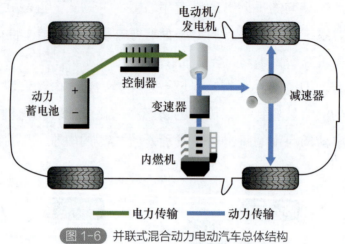

图 1-6 并联式混合动力电动汽车总体结构

电机还可以作发电机使用。发动机直接通过传动机构驱动车轮时，更接近传统的汽车驱动系统，机械效率损耗与普通汽车差不多。

并联式混合动力驱动系统具有以下优点：与串联式混合动力驱动系统相比，并联式混合动力驱动系统的发动机通过机械传动机构直接驱动汽车，没有串联式在热能—电能—机械能转换过程中的能量损耗。其能量利用率相对较高，这使得并联式的燃油经济性一般比串联式的要高，发动机与驱动电机两个动力总成的功率可以叠加起来满足汽车行驶的最大功率需求，系统可采用较小功率的发动机与电机，电池总容量可以比串联时的小，使得整车动力总成尺寸小、质量也较小。主要驱动模式为发动机驱动，动力特性更加趋近于内燃机汽车。

并联式混合动力驱动系统具有如下缺点：发动机与驱动系统之间采用机械连接，使得发动机的运行工况要受到汽车行驶工况的影响。当汽车行驶工况复杂时，发动机可能较多地在不同工况下运行，因此，并联驱动的排放比串联驱动的要差，并联式增加了变速装置及动力复合装置，使机械传动装置变复杂，增加了整车布置的难度。内燃机工作范围大，效率较低，环境污染较大，噪声大。并联的发动机、电力驱动系统两套系统协调工作，需要较为复杂的控制系统。

（3）混联式混合动力电动汽车（Power-Split Hybrid Electric Vehicle，PSHEV）

混联驱动系统是串联式和并联式的综合，主要由发动机、发电机、功率变换器、电机控制器、驱动电机、动力耦合器、动力电磁系统等部件组成。发动机发出的功率一部分通过机械传动系统输送给驱动桥，另一部分则驱动发电机发电。发电机发出的电能输送给电机或动力蓄电池，驱动电机产生的驱动力矩通过动力耦合器传送给驱动桥。典型车型有：本田思域混合动力、广汽丰田凯美瑞混合动力版。

　　混联式驱动系统的控制策略是，行驶时优先使用纯电动模式，在动力蓄电池的荷电状态（SOC）降到一定限值时，切换到混合动力模式下行驶。在混合动力模式下，启动和低速时使用串联式系统的发电机发电，电机驱动汽车行驶；加速、爬坡、高速时使用并联式系统，主要由发动机驱动汽车行驶，发动机的多余能量可带动发电机发电，给动力蓄电池充电。图 1-7 所示是典型的混联式混合动力电动汽车总体结构。

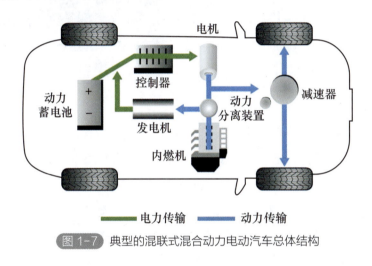

图 1-7　典型的混联式混合动力电动汽车总体结构

2. 纯电动汽车

　　纯电动汽车是完全由动力蓄电池（如锂离子电池）提供动力源的汽车，完全以车载电源为动力，用电动机驱动车轮行驶，符合道路交通、安全法规各项要求。纯电动汽车一般采用高效率动力蓄电池为动力源，无须再用内燃机。因此，纯电动汽车的电机相当于传统汽车的发动机，动力蓄电池相当于原来的油箱，电能是二次能源，可以来源于太阳能等多种方式。典型车型代表有特斯拉Model S、比亚迪·秦 PLUS EV，比亚迪·汉 EV、小鹏汽车 – 小鹏 G3 等。

　　纯电动汽车动力部分由电驱动系统、能源装置和辅助控制装置 3 个子系统组成。其中，电驱动系统由电子控制器、功率变换器、电机、机械传动装置和车轮组成，主要作用是根据制动踏板和加速踏板传感器传来的驾驶人动作信息，控制功率变换器将主能源系统提供的电能输送到电动机 – 发电机组，电动机 – 发电机组将电能转换为机械能，驱动车轮旋转。

纯电动汽车应用前景广泛，具有无污染、低噪声、高效能等优点，但蓄电池单位重量储存的能量太少，充电后续驶里程不理想，高储量的电池使用寿命较短。另外，目前电动汽车产业发展最大的障碍是基础设施建设以及价格影响了产业化进程，必须重新构建配套基础设施网络（充电站），需要大量的投入，这不是一朝一夕就能解决的，需要各个企业联合起来，与当地政府部门一起建设。

图 1-8 所示为比亚迪 E5 前舱结构图。

图 1-8　比亚迪 E5 前舱结构图

3. 燃料电池汽车

燃料电池汽车是指以燃料电池系统作为单一动力源，或者以燃料电池系统与可充电储能系统作为混合动力源的电动汽车。在催化剂的作用下，燃料电池电动汽车用氢气、甲醇、天然气、汽油等作为反应物与空气中的氧在电池中反应，进而产生电能为汽车提供动力源。燃料电池电动汽车在很多性能和设计方面与电动汽车都有相似之处，但它是将氢、甲醇、天然气、汽油等通过化学反应能转化成电能，而纯电动汽车是靠充电补充电能。燃料电池电动汽车主要由动力蓄电池、驱动电机、动力控制单元、高压储氢罐、燃料电池反应堆、燃料电池升压逆变器等组成。典型车型代表有丰田 Mirai、雪佛兰 Equinox 等，如图 1-9 和图 1-10 所示。

图 1-9　丰田 Mirai

图 1-10　雪佛兰 Equinox

任务 02　了解国内外新能源汽车典型车型

一、国外新能源汽车典型车型

1. 美国——特斯拉

特斯拉（Tesla）是美国一家电动汽车及能源公司，总部位于帕洛阿托（Palo Alto），产销电动汽车、太阳能板及储能设备。2003年7月1日，马丁·艾伯哈德和马克·塔彭宁创立"特斯拉汽车"，以纪念物理学家尼古拉·特斯拉。

2008年，特斯拉发布第一款汽车产品——两门运动型跑车 Roadster；2012年，发布第二款汽车产品——四门纯电动豪华轿跑车 Model S；第三款汽车产品为 Model X，豪华纯电动 SUV，于2015年9月开始交付；Model 3（图1-11）已于2017年末开始交付。2019年2月，马斯克宣布将开放所有特斯拉电动汽车的专利。

图1-11　特斯拉 Model 3

特斯拉是全球第一家实现自动驾驶技术量产的车企，它的技术领先主要体现在以下5点：

（1）特斯拉拥有较高程度的自动驾驶技术

其中，芯片技术至关重要。特斯拉汽车的 FSD 芯片使得特斯拉在核心技术领域彻底摆脱了第三方供应商，也极大地促进了自动驾驶技术的发展。

FSD 单芯片的运算能力 72Tops，板卡 144Tops，而之前最强自动驾驶芯片英伟达 AGX Xavier 自动驾驶算力仅为 21Tops。同时，相比于特斯拉之前使用的英伟达 Drive PX2AI 芯片，FSD 制造成本降低了20%，能耗提升了20%。

FSD 芯片性能优异，存储和算力等方面硬件冗余，后续通过空中下载技术（Over The Air，OTA）更新软件后，FSD 计算平台可以基本承担全自动驾驶计算任务。完全自主设计的硬件体系使得软硬件更加适配，特斯拉在软件开发上更加游刃有余，综合提升了自动驾驶性能。

（2）特斯拉汽车在电池管理系统（BMS）上有技术优势

电动汽车的核心是电池，而电池的核心在电池管理系统(BMS)。

控制好数量庞大的电芯是特斯拉保留的关键技术，特斯拉可以实现超过7000节电池的一致性管理，在电池冷却、安全、电荷平衡等领域拥有140项核心专利技术。

（3）特斯拉V3超级充电桩技术解决了电动汽车的痛点

续驶里程焦虑和充电不便一直是消费者购买电动汽车主要的痛点，通过建立充电桩可以有效解决这个问题。特斯拉V3超级充电桩可支持最高250kW的峰值充电功率，其性能比V2超级充电桩的120kW提升了1倍多。V3超级充电桩使用了全新的液冷电线，更轻便、更高效、更灵活。在超级充电站可快速充电，充满仅需几十分钟。

目前，特斯拉已建立遍布全球1000多座超级充电站，10000多个超级充电桩。特斯拉超级充电站的庞大网络对提高电动汽车使用便捷度有极大帮助，有利于提升消费者使用黏性和品牌忠诚度。

（4）特斯拉的OTA技术

OTA是指汽车通过移动通信网络更新软件的方式。

有些汽车只能通过OTA更新娱乐信息系统，而涉及汽车动力、操纵等系统的更新升级要到线下4S店，而特斯拉可以通过OTA更新自动驾驶系统，并且可以通过软件改变制动距离、加速度等来提高整车性能，使得汽车具有类似于笔记本电脑（PC）和手机的软件更新模式，可以对通信模块、娱乐系统、动力系统和底盘域等进行远程控制或升级。

（5）特斯拉的集中式电子电气架构

汽车电子电气架构（EEA）分为三大类：分布式EEA、跨域集中式EEA和车辆集中式EEA。传统汽车厂商的汽车电子电气架构比较分散，相关零部件需要来自不同的供应商，主机厂难以满足智能汽车的要求对其进行更新和维护。而特斯拉采用了集中式汽车电子电气架构，其中Model 3的EEA只有中央计算模块（CCM）、左车身控制模块（BCMLH）、右车身控制模块（BCMRH）三个模块。中央计算模块直接整合了驾驶辅助系统和信息娱乐系统两大域，以及外部连接和车内通信系统域功能；左车身控制模块和右车身控制模块分别负责其他的车身与便利系统、底盘与安全系统和部分动力系统的功能。特斯拉Model 3在EEA上的改动，掀开了电动汽车从机械化到电子化的变革。特斯拉 Model 3 前舱如图 1–12 所示。

图 1-12 特斯拉 Model 3 前舱

2. 欧洲——大众

在新能源汽车市场的驱动下，大众在战略上也开始转型。大众在新能源汽车这条路上也探索了很长一段时间，曾经推出过途锐 GET、迈腾 GET Concept 和探岳 GET Concept 三款混动车型。2019 年，大众推出了首款纯电动汽车——ID.3。

纯电动平台是大众汽车从 2018 年宣布的 MEB 的开始。第一款基于 MEB 的车型是 ID.3，它在 2019 年法兰克福车展上亮相，但由于软件问题而推迟上市，直到 2020 年 7 月才开始销售。而 2021 年 2 月，ID.4 开始在德国销售，如图 1–13 所示。ID.5 直到 11 月才发布。新的 A 级车型 e-up! 与 ID.3 一同发布，但

图 1-13 一汽 - 大众 ID.4

并未引起关注。2021 年 4 月，面向中国市场的 7 座车型 ID.6 亮相。

3. 日本新能源汽车

日本油电混合动力（简称混动）汽车迅速发展，至今在国际市场销量领先。据统计，日本丰田普锐斯销量达到 100 万辆，远超过其他同类品牌。如今日本国内混动汽车市场占有率达到 11%。可以说，在混动技术研发应用方面，日本走在世界前列，有效促进日本汽车产业油耗水平大幅降低。日本纯电动汽车占日本汽车市场比重很低，市场占比增长幅度也微乎其微，这表明日本纯电动汽车发展仍处于萌芽阶段，日本政府和日本汽车企业尚未制定系统的目标规划支持和引导纯电动汽车行业发展。这让原本汽车工业实力雄厚的日本在纯电动汽车行业落后于世界，成为日本汽车行业亟待关注和解决的问题。2021 年，全球电动汽车销量前 20 名中，日本企业只有丰田上榜，排在第 16 位，国际市

场销量只有 11 万辆，只占全球纯电动汽车销量的 1.7%。2021 年底，丰田公司首席执行官丰田章男宣布到 2030 年实现每年 350 万辆电动汽车的销售目标，而 2021 年，中国新能源汽车销量达到 352.1 万辆，同比增长 1.6 倍；欧洲新能源汽车销量达到 226.3 万辆，同比增长 60% 以上。丰田品牌的纯电动 SUV 代表车型 bz4x 如图 1-14 所示。

图 1-14　广汽丰田纯电动 SUV bz4x

二、国内新能源汽车

从 2022 年全年总成绩来看：特斯拉 2022 年全球共交付 131 万辆车，同比增长 40%；比亚迪 2022 年全年新能源汽车累计销量 186.35 万辆，同比增长 208.64%，代表车型唐 EV 如图 1-15 所示；广汽埃安 2022 年全年累计销量达 27.1 万辆，同比增长 126%；造车新势力亦不容小觑，哪吒汽车强势收官，2022 年全年累计销量超 15 万辆；理想汽车、蔚来汽车紧随其后，2022 年总交付量分别超 13 万辆和 12 万辆；小鹏汽车和零跑汽车 2022 年度累计交付量均破 10 万大关。国产新能源汽车能够在国外大卖，不仅仅是价格，还有更多是来自产品本身的竞争力。如今，中国新能源汽车的电池、电机、电控——"三电"技术已经在全球领先。其中，最大的竞争力就是来自动力蓄电池，眼下，全球动力蓄电池销售前十的企业中，有一半以上来自中国。大量的科技创新，电池、电机、电控到智能网联、智能辅助驾驶系统、网联系统，都得到了快速发展。政策、资本、科技和市场共同发力，才有今天中国新能源汽车引领世界的成就。

国内新能源汽车典型代表是比亚迪。

图 1-15　比亚迪·唐 EV

要说比亚迪的诞生背景，还得从比亚迪的创始人王传福说起。很多人都知道，比亚迪除了汽车业务之外还有电池和新能源业务，尤其是电池业务，它目前已经成为全球最大的充电电池生产商。

拓展阅读

1990 年，王传福在北京有色金属研究院硕士毕业，并留在该院工作，按部就班地历任副主任、主任、高级工程师、副教授，还曾带出过一批研究生。1995 年，王传福发现作为自己研究领域之一的电池面临着巨大的投资机会。当时要花 2 万~3 万元才能买到一部"大哥大"，而欲买者还趋之若鹜。王传福意识到手提电话的发展对充电电池的需求会与日俱增。而在他这个教授看来，技术不是什么问题，只要能够上规模，就能做出大事业。1995 年 2 月，王传福在深圳注册了比亚迪实业。

2003 年，比亚迪公司成为全球第二大充电电池生产商，而就在这一年，比亚迪再次作出一个重大的决定，那就是进军汽车行业。

做电动汽车是比亚迪进入汽车业的初衷，王传福认为，电动汽车、混动汽车和车用动力蓄电池具有庞大的潜力，同时能够将比亚迪制造电池的技术有效利用。在收购秦川汽车后，比亚迪汽车公司得以正式创立。

比亚迪的车标最初由两个同心的内外椭圆组成，象征比亚迪与合作伙伴一路同驰骋。内椭圆等分为蓝天白云两部分，突出比亚迪打造节能环保汽车的意志。两个椭圆间的椭圆带中镶嵌的"BYD"，展现比亚迪立足科技的理念。

整体的椭圆形结构彰显比亚迪既是勇立潮头的大船，更是孕育自主品牌的摇篮。比亚迪早期车标如图 1-16 所示。

图 1-16　比亚迪早期车标

比亚迪汽车成立之后，公司迅速确立了 3 个发展业务：燃油汽车、电动汽车和混合动力电动汽车。与此同时，以技术出身的王传福开始迅速建立工厂和检测基地，分别在西安建立了产能为 20 万台的比亚迪汽车生产线；在深圳成立了比亚迪销售公司；收购北京吉驰汽车模具公司，建立北京比亚迪模具有限公司，目前该公司是国内最大的模具制造中心；在上海建立比亚迪汽车检测中心，该中心拥有国内一流的碰撞实验室、道路试验场、底盘实验室、综合环境实验室等。

当然，要想在短时间内造出"好车"并不容易，2005 年，第一款真正为比亚迪打开汽车市场的 F3 车型诞生了，如图 1-17 所示。比亚迪 F3 车型最大的亮点除了外观外，还有就是其低廉的价格——仅售 7.38 万元起。另外，比亚迪还开创了"分站上市"的"精准营销"策略，这种策略的出发点是产品的服务必须要达到一定的标准，即在当地必须有足够多的经销商网络，只有达到了标准才会允许 F3 在当地上市。到 2006 年，比亚迪 F3 在北京上市时其全国就拥有近 500 个服务网点，300 多个销售网点。

图 1-17　比亚迪 F3

比亚迪 F3 的热销完全在王传福的意料之中，因为这款车完全满足国人的用车需求——大气、便宜、配置高、省油。

但是，鉴于销售决策等诸多问题，比亚迪业绩在 2010 年跌至谷底，连续

5 年超过 100% 的增长在 2010 年被打破，痛定思痛之下，比亚迪开始了自我反思，并总结过去发展中的三大问题，分别是品质问题、经销商渠道问题和品牌宣传问题。整改之后的比亚迪，新车推出时间开始变慢，新车品质日益提高。

在纯电动汽车领域，比亚迪同样有突破性发展，早在 2009 年，比亚迪汽车就开始展出 e6 纯电动汽车，在经过几年的研发之后，2011 年，e6 正式上市，售价 36.98 万，最高可享受 12 万元的补贴。它搭载了比亚迪自主研发的磷酸铁锂电池。

2013—2017 年，比亚迪推出第二代 DM 系统，不断完善新能源汽车布局。比亚迪 DM 系统及 e 平台发展史如图 1-18 所示。

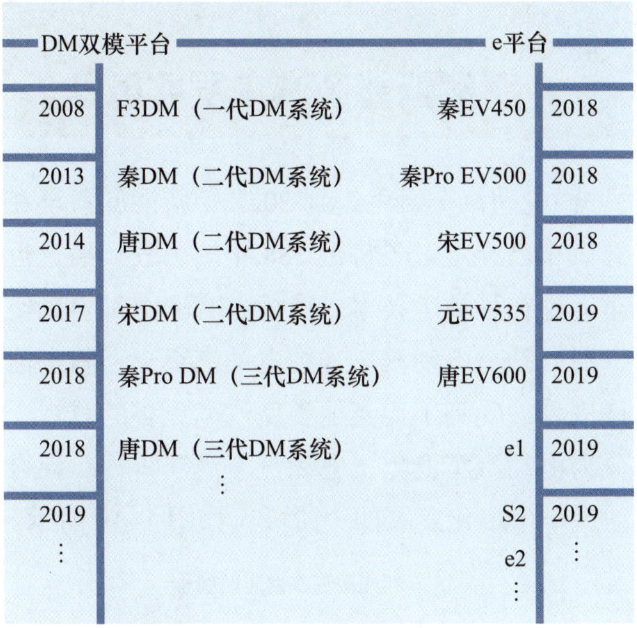

DM双模平台		e平台	
2008	F3DM（一代DM系统）	秦EV450	2018
2013	秦DM（二代DM系统）	秦Pro EV500	2018
2014	唐DM（二代DM系统）	宋EV500	2018
2017	宋DM（二代DM系统）	元EV535	2019
2018	秦Pro DM（三代DM系统）	唐EV600	2019
2018	唐DM（三代DM系统）	e1	2019
2019	⋮	S2	2019
⋮		e2	
		⋮	

图 1-18　比亚迪 DM 系统及 e 平台发展史

在第二代双模系统的基础上，比亚迪推出了"542 战略"。"5"表示 0→100km/h 加速时间在 5s 以内，"4"表示全面实现电动四驱，"2"表示百公里油耗在 2L 以内；2014 年，比亚迪第一代唐 DM 作为"542 战略"的首款产品亮相北京车展，新车综合最大功率为 370kW，最大转矩达到 720N·m，官方给出的 0→100km/h 加速时间为 4.9s，百公里油耗为 2L。

在 2019 年上海车展上，比亚迪展台一次性带来了六款新车，包括宋 Pro EV、宋 MAX EV、宋 Pro DM、S2、e2 以及纯电动概念车 e-SEED GT。除了家族式 Dragon Face 的设计语言让新车颜值越来越高之外，新车背后的平台架构才是帮助当前比亚迪奠定市场优势的关键。比亚迪根据自身企业发展策略，宣布自 2022 年 3 月开始停止燃油汽车整车的生产，这一举措标志着比亚迪正式向新能源汽车行业进军。比亚迪自从开始推出新能源车型之后，其旗下的燃油车型的销量几乎是微乎其微，没办法与新能源车型的销量成正比。随着新能源车型投放汽车市场的占比逐渐提高，甚至可以达到月销售超过十万辆，比亚迪也最终做出了停产燃油汽车的决定。纵观比亚迪的发展史，从整体来看，比亚迪并不是靠燃油汽车起家，而是依靠新能源汽车发展的。在新能源汽车行业，比亚迪则拥有很大的发言权。

任务 03 了解新能源汽车发展历程

从 1834 年第一辆电动汽车诞生，到 2022 年新能源汽车在国际各大车展中唱起主角，新能源汽车已经走过了将近 188 年的历程。经过近两个世纪的曲折发展，新能源汽车无论在种类、技术、市场占有率上都得到空前的突破。作为电动汽车的细分，混合动力电动汽车和纯电动汽车、燃料电池电动汽车主导着新能源汽车的发展进程，受到了比其他类型汽车更多的重视。新能源汽车发展时间轴可以大体分为电动汽车诞生、电动汽车重获重视、混合动力等其他车型的发展以及纯电动汽车市场化发展四个阶段，如图 1-19 所示。

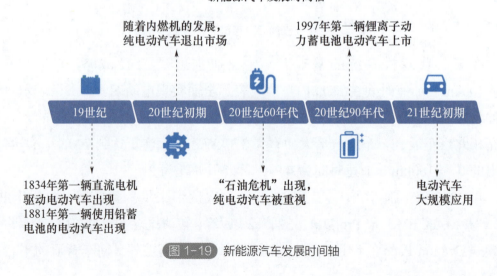

图 1-19 新能源汽车发展时间轴

（1）第一阶段　电动汽车诞生。1834年美国人托马斯·达文波特发明的第一辆蓄电池汽车是世界上最早的电动汽车。到了20世纪初，美国汽车市场上电动汽车、内燃机汽车和蒸汽机汽车各占三分之一的份额。1910年，内燃机汽车开始采用大规模流水线生产，成本大幅降低，同时电动汽车面临着续驶里程短、充电站等基础设施不完善的问题，因此电动汽车一度退出市场。

（2）第二阶段　电动汽车重获重视。20世纪60年代，美国政府由于数千万辆汽车对城市空气的严重污染，重新对电动汽车加以重视。20世纪70年代初，欧佩克石油禁运危机之后，汽油价格一路飙升，欧美等国家和地区对电动汽车的兴趣也愈加浓厚。政府对电动汽车研发增加拨款，各地纷纷建立研发基地，导致了第二轮电动汽车研发高潮的到来。

（3）第三阶段　混合动力等其他车型的发展。随着人们对可持续发展认识的提高，越来越多的知名公司投入到混合动力和纯电动汽车的研发上。随着混合动力汽车车型的不断增多，产销规模的逐渐增大，许多车型表现出了良好的节能与环保性能，这标志着混合动力电动汽车市场已经成熟。1997年，丰田公司在全球率先开始销售混合动力电动汽车普锐斯（图1-20），并快速获得了全球市场的认可。到2007年，该车销量突破100万辆。

图 1-20　丰田普锐斯

（4）第四阶段　纯电动汽车市场化发展。随着各国对于新能源汽车加大了研发和投入，电动汽车专用铅蓄电池在技术上也有了重大的突破，电池也由单一的铅蓄电池进化出多种类型的高性能电池，而且锂离子动力蓄电池的出现，让电动汽车行业困扰已久的续驶里程问题得到了解决，极大地促进了电动汽车的发展。2019 年，特斯拉上海超级工厂建立。

图 1-21 所示为特斯拉 Model 3。

图 1-21　特斯拉 Model 3

2019 年，比亚迪开始发力，密集地推出新能源汽车核心技术产品，特别是刀片电池让比亚迪在新能源汽车市场站稳了脚跟。2020 年初，比亚迪推出了刀片电池，并首次搭载在比亚迪·汉 EV 车型（图 1-22）上，其月销量突破了万台大关。比亚迪·汉的成功也标志着比亚迪在新能源领域的长期积累进入爆发期。与此同时，我国其他自主品牌车企也纷纷推出各自的混动系统，比如长城柠檬 DHT、吉利雷神混动系统等。

图 1-22　比亚迪·汉 EV

任 务 评 价

任务评分标准

序号	评价内容	评分细则	配分	扣分	得分
1	职业素养与操作规范（50分）	（1）工位7S操作			
		（2）设备和工具安全检查			
		（3）车辆安全防护操作			
		（4）工具清洁校准存放			
		（5）"三不落地"操作			
2	知识与技能（50分）	（1）了解新能源汽车的发展趋势			
		（2）熟悉新能源汽车种类			
		（3）了解新能源汽车特点			
		（4）熟悉国内外常见的新能源汽车品牌			
		（5）具有网络、图书文献等资源检索能力			
		（6）了解新能源汽车发展历程			
		（7）新能源汽车整体认知体系完整			

能力模块二
新能源汽车高压系统组成的认知

新能源汽车高压系统组成部件有动力蓄电池、驱动电机、高压配电箱、车载充电机、DC/DC 变换器、电动压缩机、PTC 加热器、高压线束等。其中动力蓄电池、驱动电机、高压控制系统为纯电动汽车三大核心部件。

能力目标

知识目标

- 掌握新能源汽车高压系统主要部件的结构组成。
- 了解新能源汽车高压系统各部件工作原理。

技能目标

- 能够按标准工艺完成高压部件的基本检测。
- 具备选择正确的检测方案和检测设备的能力。

素养目标

- 养成严谨细致的职业习惯。
- 领悟大技贵精、精益求精的工匠精神。

知识准备

一、动力蓄电池及其管理系统

动力蓄电池作为电动汽车的动力源，是电动汽车的核心部件。它决定了汽车的续驶里程、动力性能及制造成本。传统燃油汽车的心脏是发动机，新能源汽车的心脏就是动力蓄电池，动力蓄电池性能的好坏直接决定了这辆车的实际价值。

动力蓄电池是能量的储存装置，为纯电动汽车日常行驶提供能量，是混合动力电动汽车的辅助能量来源，动力蓄电池输出电量，驱动车辆行驶，同时通过变换器将高压直流电变换为低压直流电，给车上的低压用电设备供电。动力蓄电池及其管理系统如图 2-1 所示。

图 2-1 动力蓄电池及其管理系统

（一）动力蓄电池的类型

1. 按照电池的反应原理分类

按电池的反应原理，可以将电池分为化学电池、物理电池和生物电池三大类。

（1）化学电池

化学电池利用物质的化学反应发电，其按照工作性质，可分为原电池、蓄电池、燃料电池和储备电池；按照电解质不同，可分为酸性电池、碱性电池、中性电池、有机电解质电池、非水无机电解质电池和固体电解质电池等；按照电池的特性，可分为高容量电池、密封电池、高功率电池、免维护电池和防爆电池等。

（2）物理电池

物理电池是利用光、热、物理吸附等物理能量发电的电池，如太阳能电池、超级电容器和飞轮电池等。在物理电池领域中，超级电容器也应用于纯电动汽车和混合动力电动汽车中。

（3）生物电池

生物电池是利用生物化学反应发电的电池，如微生物电池、酶电池和生物太阳电池等。生物电池在车用动力中应用前景也十分广阔，氢燃料电池和氢化物燃料电池的研发已进入重要发展阶段。

2. 按照电池的工作性质及使用特征分类

按电池的工作性质及使用特征分类，动力蓄电池一般可分为一次电池、二次电池、储备电池和燃料电池四类。

（1）一次电池

一次电池又称"原电池"或"干电池"，即放电后不能用充电的方法使它复原的电池。换言之，这种电池只能使用一次，放电后只能废弃。这类电池不能再充电的原因，或是电池反应本身不可逆，或是条件限制使其可逆反应很难进行，如锌锰干电池、锌汞电池、银锌电池等。

（2）二次电池

二次电池又称"蓄电池"，即放电后又可以用充电的方法使活性物复原而能再次放电，且可反复循环使用的一类电池。这类电池实际上是一个化学能量储存装置，用直流电将电池充足，这时电能以化学能的形式储存在电池中。放电时，化学能再转换为电能，如铅蓄电池、镍镉电池、镍氢电池和锂离子电池等。迄今已经实用化的车用动力蓄电池有传统的铅蓄电池、镍镉电池、镍氢电池和锂离子电池。

（3）储备电池

储备电池又称"激活电池"，是正、负极活性物质和电解液不直接接触，使用前临时注入电解液或用其他方法使电池激活的一类电池。

这类电池的正、负极活性物质化学变质或者自放电，因与电解液的隔离而基本上被排除，从而使电池能长时间储存，如镁银电池、钙热电池和铅高氯酸电池等。

（4）燃料电池

燃料电池又称"连续电池"，即只要活性物连续注入电池，就能长期不断地连续放电的一类电池。它的特点是电池自身只是一个载体，可以把燃料电池看成一种需要电能时将反应物从外部送入的一种电池，如氢燃料电池等。

必须指出的是，上述分类方法并不意味着某一种电池体系只能分属一次电池、二次电池、储备电池或燃料电池，恰恰相反，某一种电池体系可以根据需要设计成不同类型的电池。

（二）运用较成熟的电池

目前市场上运用较成熟的电池有铅蓄电池、镍氢电池、锂离子电池、燃料电池、太阳能电池等。

1. 铅蓄电池

铅蓄电池是一种电化学储能体系，主要由铅及其氧化物制成，电解液为硫酸溶液。其能量储存和释放是通过两个电极的电化学反应实现的，伴随着化学能与电能的相互转换。现在，铅蓄电池被广泛用于汽车、机车、通信后备电源和不间断电源（UPS）系统等，如图 2-2 所示。

铅蓄电池的应用历史最长，技术最成熟，成本也最低，已实现批量生产。但是由于铅蓄电池的

图 2-2 铅蓄电池

比能量较低，续驶时间有限，难以满足长途行驶的需求，同时其制造耗费大量的重金属元素，制备和回收过程易产生严重的污染，难以满足当今社会对于环境友好型产品的追求。因此，目前铅蓄电池主要用于短距离行驶的公共交通领域等。

铅蓄电池的缺点总结如下：

1）比能量低，在电动汽车中所占的质量和体积较大，一次充电行驶里程短。

2）使用寿命短，使用成本高。

3）充电时间长。

4）铅是重金属，存在污染。

2. 镍氢电池

镍氢电池是 20 世纪 90 年代发展起来的一种新型绿色电池，镍氢电池的优点有很多，如比功率高，其储备电量比镍镉电池多 30%，有较大的充放电电流，无污染、安全性好、技术成熟、综合性好，比镍镉电池轻，使用寿命长。基于以上优点，混合动力电动汽车上多采用镍氢电池。

镍氢电池也有一些缺点，例如，价格比镍镉电池高，性能比锂离子电池差，有轻度的记忆效应，高温环境下性能差等。"记忆效应"是指电池长期不彻底充电、放电，易在电池内部留下痕迹，降低电池容量的现象。

镍氢电池正极的活性物质为 NiOOH（放电时）和 Ni（OH）$_2$（充电时），负极的活性物质为 H$_2$（放电时）和 H$_2$O（充电时），电解液采用 30% 的氢氧化钾溶液，是一种碱性电池，如图 2-3 所示。

图 2-3　镍氢电池

镍氢电池重量更轻，使用寿命也更长，并且对环境无污染，但价格偏高。

3. 锂离子电池

锂离子电池是 20 世纪开发成功的新型高能电池，是目前应用最为广泛的、最受研发机构及汽车厂商青睐的车用电池。这种电池的负极是金属锂或锂合金，正极采用 MnO$_2$、SOCl$_2$、（CF$_x$）$_n$ 等，使用非水电解质溶液的电池，如图 2-4 所示。锂离子电池性能比较好，电池能量密度大，平均输出电压高，自放电率小，没有记忆效应，工作温度范围为 −20~60℃，循环性能优越，可快

图 2-4　锂离子电池

速充放电（充电效率高达 100%），而且输出功率大，使用寿命长，没有环境污染，被称为绿色电池。但是目前锂离子电池成本较高，使用时必须有特殊的保护电路，以防止过充电。

根据外壳形状，锂离子动力蓄电池单体可以分为 3 类：圆柱形、方形及软包装。

目前常见的锂离子电池有钴酸锂电池、锰酸锂电池、磷酸铁锂电池、三元锂电池等。

（1）钴酸锂电池

钴酸锂电池结构稳定、容量比高、综合性能突出、电化学性能优越、加工性能优异、振实密度大、能量密度高，有助于提高电池体积比容量，产品性能稳定，一致性好，标称电压为 3.7V。钴酸锂电池正极材料为钴酸锂聚合物，负极材料为石墨，广泛应用于笔记本计算机、手机等小型电子设备中。特斯拉车型采用该类型动力蓄电池。钴酸锂电池的充放电特性见图 2-5。

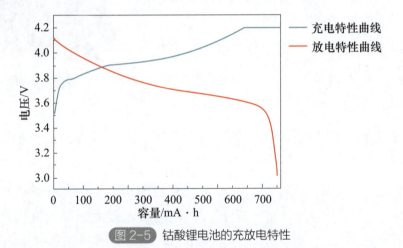

图 2-5 钴酸锂电池的充放电特性

（2）锰酸锂电池

锰酸锂电池是指正极使用锰酸锂材料的电池，相比钴酸锂等传统正极材料，锰酸锂具有资源丰富、成本低、无污染、安全性能好等优点。锰酸锂正极采用尖晶石型锰酸锂和层状结构锰酸锂（$LiMn_2O_4$），负极为石墨。其标称电压为 3.7V。锰酸锂电池的充放电特性见图 2-6。

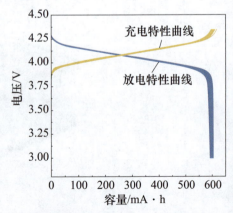

图 2-6 锰酸锂电池的充放电特性

（3）磷酸铁锂电池

磷酸铁锂电池是指用磷酸铁锂（$LiFePO_4$）作为正极材料的锂离子电池。其标称电压为3.2V，充电终止电压为3.6V，放电终止电压为2.0V。磷酸铁锂电池具有工作电压高、循环寿命长、安全性能好、自放电率小、无记忆效应的优点，但能量密度较低。磷酸铁锂电池的充电特性见图2-7。

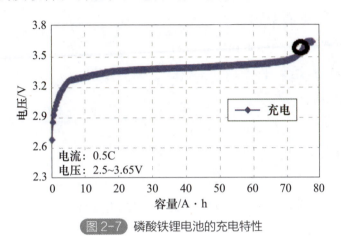

图2-7　磷酸铁锂电池的充电特性

（4）三元锂电池

三元锂电池是指正极材料使用镍钴锰酸锂等三元正极材料的锂电池，是最近几年发展起来的新型锂电池。三元锂电池正极以镍盐、钴盐、锰盐为原料，综合了钴酸锂、镍酸锂和锰酸锂三类材料的优点，存在三元协同效应，其中镍、钴、锰的比例可以根据实际需要调整。三元锂电池的特点是能量密度大，电压高，因此同样重量的电池组容量更大，耐低温，循环性能更好，但热稳定性较差。三元锂电池的充放电特性见图2-8。

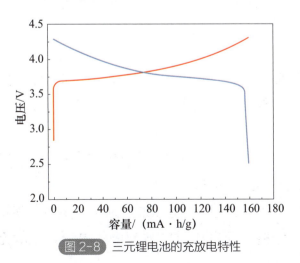

图2-8　三元锂电池的充放电特性

4. 燃料电池

燃料电池以能量密度高、接近汽油和柴油的能量密度、几乎零污染，代表了电动汽车未来的发展方向，也是各国重点研发的领域之一。

燃料电池的优点：

1）节能、转换效率高。

2）配方基本达到零污染。

3）无振动和噪声，寿命长。

4）结构简单，运行平稳。

燃料电池的缺点：

1）采用金属铂作为催化剂，燃料种类单一。

2）储存和运输成本高。

3）加氢站等配套设施不完善。

目前，采用燃料电池的典型代表是现代汽车公司生产的现代 ix35 电动汽车，它采用氢燃料电池。

5. 太阳能电池

太阳能是一种储量极其丰富的清洁能源，是解决世界范围内能源危机和环境问题的一条重要途径。

（三）动力蓄电池的性能指标

1. 基本性能指标

动力蓄电池的基本性能指标主要有电压、容量、内阻、功率、标称功率、自放电率等。

（1）电压

工作电压：电池在一定负载条件下实际的放电电压。例如，铅蓄电池的工作电压为 1.8~2V，镍氢电池的工作电压为 1.1~1.5V，锂离子电池的工作电压为 2.75~3.6V。

额定电压：电池工作时公认的标准电压。例如，镍镉电池的额定电压为 1.2V，铅蓄电池的额定电压为 2V。

放电终止电压：放电终止时的电压值，通常与负载、使用要求有关。

充电电压：外电路直流电压对电池充电的电压。一般充电电压要大于开路电压。例如，镍镉电池的充电电压为 1.45~1.5V，锂离子电池的充电电压为 4.1~4.2V，铅蓄电池的充电电压为 2.25~2.7V。

（2）容量

容量是指电池在充电以后，在一定放电条件下所能释放出的电量，单位为 A·h。容量与放电电流大小有关，与充放电截止电压有关。一般采用额定容量和实际容量。

理论容量：根据参加电化学反应的活性物质电化学当量计算得到的电量。

额定容量：设计与制造电池时，按照国家或相关部门颁布的标准，保证电池在一定的放电条件下能够放出的最低限度的电量。

实际容量：电池在一定的放电条件下实际放出的电量。实际容量等于放电电流与放电时间的乘积。

（3）内阻

电池的内阻是指电池在工作时，电流流过电池内部所受到的阻力。内阻主要由电极材料、电解液、隔膜电阻及各部分零件的接触电阻组成，与电池的尺寸、结构、装配等有关。

（4）功率和标称功率

电池的功率是指电池在一定放电制度下，单位时间内输出的能量，单位为 kW。

标称功率也叫标称输出功率，是指用电设备在正常使用的前提下能够长时间工作输出功率的最大值。

（5）自放电率与储存性能

所有化学电源，即使在与外界电路无任何接触的条件下开路放置，其容量也会自然衰减，这种现象称为自放电。电池自放电的多少用自放电率衡量，通常以单位时间内容量减少的百分比表示：

自放电率 =（储存前电池容量 – 储存后电池容量）/ 储存前电池容量 × 100%

2. 其他性能指标

除基本性能指标之外，动力蓄电池的性能指标还有比能量（E）、比功率（P）、循环寿命（L）、放电率、放电深度和荷电状态等。要使电动汽车能与燃油汽车相竞争，关键是要开发出比能量高、比功率大、使用寿命长、续驶里程大的高效电池。

（1）比能量（E）

电池的比能量有两种。一种是质量比能量，用 W·h/kg 表示；另一种是体积比能量，用 W·h/L 表示。比能量的物理意义是电池为单位质量或单位体积时所具有的有效电能量。它是衡量电池性能优劣的重要指标。

必须指出，单体电池和电池组的比能量是不一样的。由于电池组有连接条、外部容器和内包装层等，故电池组的比能量总是小于单体电池的比能量。

（2）比功率（P）

电池单位质量或单位体积的功率称为电池的比功率，它的单位是 W/kg 或 W/L。如果一个电池的比功率较大，则表明在单位时间内，单位质量或单位体积释放的能量较多，即表示此电池能用较大的电流放电。因此，电池的比功率是衡量电池性能优劣的重要指标之一。

（3）循环寿命（L）

循环寿命也称为充放电循环寿命，是衡量电池性能的一个重要参数。一次充电和放电的过程，称为一次循环(或一个周期)。在一定的充放电制度下，电池容量降至某一规定值之前，电池能耐受的充放电次数，称为二次电池的充放电循环寿命。充放电循环寿命越长，电池的性能越好。

（4）放电率和放电深度

放电率是指放电的速率，常用"时率"和"倍率"表示。时率是指以放电时间表示的放电速率，即以一定的放电电流放完额定容量所需的时间。倍率是指电池在规定时间内放出额定容量所输出的电流值，数值上等于额定容量的倍数。

放电深度（Depth of Discharge，DOD）是放电程度的一种量度，它是放电容量与总放电容量的百分比。

（5）荷电状态

荷电状态（State of Charge，SOC）是指剩余电量与额定容量或实际容量的比例。这一参数是在电动汽车使用中十分关键却不易获取的数据。

（四）动力蓄电池的结构组成

动力蓄电池主要由动力蓄电池箱体、动力蓄电池模组、动力蓄电池管理系统、动力蓄电池继电器盒、高低压线束及辅助元器件等组成，如图 2-9 所示。

图 2-9　动力蓄电池的结构组成

（1）动力蓄电池箱体

动力蓄电池箱体（图 2-10）主要起到保护动力蓄电池的作用，因此要求箱体坚固、防水。箱体可以分为上箱体和下箱体。上箱体一般不会受到冲击，为了减轻质量通常采用玻璃钢材质。下箱体在整车的下部，作用是防止路面磕碰等损坏动力蓄电池，因此采用铸铁材质。上、下箱体之间安装了定位装置以进行定位，并通过硅酮胶进行密封。

图 2-10　动力蓄电池箱体

（2）动力蓄电池模组

动力蓄电池内部含有电池单体，电池单体是动力蓄电池储存电能的最小单元，是可以直接将化学能转化为电能的基本单元装置，包括电极、隔膜、电解质、外壳和端子。

多个电池单体进行并联或串联之后组成电池模块，多个电池模块又串联形成电池模组，由数十个电池单体或电池模组串联在一起，构成一个电池单元。由数个电池单元串联在一起，构成动力蓄电池总成。一定数量的电池模块通过串联组成一个电池模组，串联的目的是提高模块的电压。

动力蓄电池系统的额定电压、容量、总能量、质量比能量满足：

$$动力蓄电池系统的额定电压 = 单体额定电压 \times 单体串联数$$

$$动力蓄电池系统的容量 = 单体容量 \times 单体并联数量$$

$$动力蓄电池系统的总能量 = 动力蓄电池系统的额定电压 \times 动力蓄电池系统的容量$$

$$动力蓄电池系统质量比能量 = 动力蓄电池系统总能量 \div 动力蓄电池系统质量$$

（3）动力蓄电池管理系统（BMS）

动力蓄电池管理系统是电池保护和管理的核心部件。在动力蓄电池系统中，它相当于人的大脑，不仅要保证电池的安全可靠使用，而且要充分发挥电池的能力，延长电池的使用寿命。作为电池和整车控制器及驾驶人沟通的桥梁，BMS 通过算法控制动力蓄电池组的充放电策略，并向整车控制器上报动力蓄电池系统的基本参数及故障信息。

BMS 的作用：通过电压、电流及温度检测等功能实现对动力蓄电池系统的过电压、欠电压、过电流、过高温和过低温保护，继电器控制、SOC 估算、充放电管理、均衡控制、故障报警及处理、与其他控制器通信功能等功能。此外，电池管理系统还具有高压回路绝缘检测功能，以及调节动力蓄电池系统温度的功能。

电池管理系统按性质可分为硬件和软件，按功能可分为数据采集单元和控制单元；其硬件有主板、从板及高压盒，还包括采集电压线、电流、温度等数据的电子元器件。软件部分用来监测电池的电压、电流、SOC、绝缘电阻、温度，通过与整车控制器、充电机的通信来控制动力蓄电池系统的充放电。

（4）辅助元器件

辅助元器件主要包括动力蓄电池系统内部的电子元器件及接口（如熔断器、继电器、分流器、插接件、烟雾传感器等）、维修开关及电子元器件以外的辅助元器件（如密封条、绝缘材料等）。

动力蓄电池继电器盒内部含有多个继电器，主要有总正继电器、总负继电器、预充继电器、预充电阻、继电器电源等，如图 2-11 所示。

图 2-11　动力蓄电池继电器盒

动力蓄电池壳体上还贴有两类标签：一类标签为电池信息标签，用于标示电池的一些信息；另一类标签为电池高压警示标签，用于标示电池内部为高压，提示操作人员操作时注意安全，如图 2-12 所示。

电池信息标签

电池高压警示标签

图 2-12　动力蓄电池壳体标签图

（五）动力蓄电池管理系统

动力蓄电池管理系统（图 2-13）是管理和保护动力蓄电池的核心部件，作为实时监控、自动均衡、智能充放电的电子系统，动力蓄电池管理系统可以保障动力蓄电池的使用安全，在动力蓄电池出现异常时及时处理，还可以根据车辆行驶状态、环境温度、电池状态决定电池的充放电功率等。

动力蓄电池管理系统对电池组进行安全监控，实时监测动力蓄电池电压、电流、温度等参数，根据检测参数进行热管理、电池均衡管理、荷电状态计算和电池健康状态诊断。充电过程中控制最佳充电电流，通过 CAN 总线与整车控制器、电机控制器等进行实时通信，提高电池的使用效率，达到增加续驶里程、延长使用寿命、降低运行成本的目的，进一步提高电池组的可靠性，对于电动汽车的整车控制、安全管理以及提高可靠性具有重要意义，是动力蓄电池组中不可或缺的重要部件。

图 2-13 动力蓄电池管理系统

动力蓄电池管理系统是一个复杂的系统。它必须具备实时监控并调整电池管理状态的能力，可以与多个平行子系统同步协调工作。车辆实际行驶过程中，加速和减速总是在不停地交替进行着，因此动力蓄电池管理系统必须能够接受动态信息反馈并不停地调整其监控管理方式。电池管理系统是动力蓄电池的核心配件，主要功能如下：

1）监测电池组中各个单体的健康状况；平衡各个单体的性能；保证所有单体都在额定工作范围内；当某个单体快速放电至最低容量时，尽可能地保护电池组整体功能；为个别单体充电提供接入方式。

2）在系统失控或失去联系时提供故障保护；在紧急状态下（如过载、火灾等）将电池隔离；在部分单体失效时提供"应急行驶模式"。

3）监控电池温度，调整散热器 / 保温器的工作状态，保证电池在最佳温度下工作。

4）向系统和车主提供电池 SOC（荷电状态）信息和 SOH（健康程度）信息；计算电池余量及可行驶的里程。

5）为电池提供最佳充电流程，并设定合适的充放电比例，防止制动回收动能时对电池过度充电。

6）为起动车辆前的负载阻抗测试预留足够的电量，实现分阶段充电以限制涌流的发生。

7）适应车辆驾驶模式的变化，实时调整电池管理模式。

8）记录电池使用情况及使用历史。

9）获取并执行相关子系统给予的信息及命令。

动力蓄电池管理系统通过通信接口与整车控制器、电机控制器、能量管理系统、车载显示系统等进行通信，整个工作过程大致如下：首先利用数据采集模块采集电池的电流、电压和温度等数据，然后将采集到的数据发送给主控模块；主控模块对数据进行分析和处理后，发出对应的程序控制和变更指令，使对应的模块做出处理措施，对电池系统或电池进行调控；同时将实时数据发送到显示单元模块。

动力蓄电池管理系统中的软件设计功能一般包括电压检测、温度采集、电流检测、绝缘检测、SOC估算、CAN（Controller Area Network，控制器局域网）通信、放电均衡、系统自检、系统检测、充电管理、热管理等。整体的设计指标包括最高可测量总电压、最大可测量电流、SOC估算误差、单体电压测量精度、电流测量精度、温度测量精度、工作温度范围、CAN通信、故障诊断、故障记忆、在线监测与调试等。

动力蓄电池管理系统主要由单体监控单元和动力蓄电池管理单元组成，如图 2-14 所示。

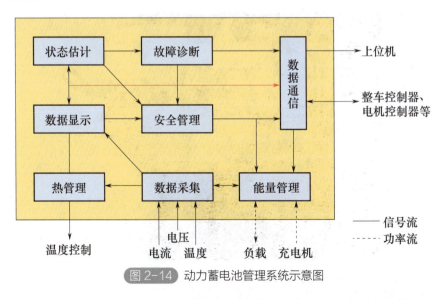

图 2-14　动力蓄电池管理系统示意图

1）单体监控单元负责测量动力蓄电池的电压、电流和温度等参数，同时还有均衡等功能。当单体监控单元测量到这些数据后，将数据传送给动力蓄电池管理单元。

2）动力蓄电池管理单元负责评估单体监控单元传送的数据，如果数据异常，则对动力蓄电池进行保护，发出降低电流的指令，或者切断充放电通路，以避免动力蓄电池超出许可的使用条件，同时还对动力蓄电池的电量、温度进行管理。根据先前设计的控制策略，判断需要警示的参数和状态，并且将警示发给整车控制器，最终传达给驾驶人。

电池管理系统通过通信接口与整车控制器、电机控制器、能量管理系统、车载显示系统等进行通信，整个工作过程大致为：首先利用数据采集模块采集动力蓄电池的电流、电压和温度等数据→将采集到的数据发送给主控模块→主控模块对数据进行分析和处理后，发出对应的程序控制和变更指令→对应的模块做出处理措施，对动力蓄电池包或动力蓄电池进行调控，同时将实时数据发送到显示单元模块。

二、驱动电机及电机控制器

驱动电机是新能源汽车的三大核心部件之一，其作用是在驾驶人的控制下，将动力蓄电池的电能转换为机械能，驱动车辆行驶，或者在汽车制动时，将车轮行驶的机械能进行回收，转变为电能给动力蓄电池充电。驱动电机及电机控制器如图 2-15 所示。

图 2-15 驱动电机及电机控制器

在纯电动汽车和燃料电池电动汽车中，电机作为唯一的驱动装置输出动力；在串联式混合动力汽车中，一般有两台或多台电机，其中有电机与发动机相连作为发电机或启动 – 发电一体机工作，另有电机作为主要动力装置；在并联式混合动力汽车中，电机一般作为辅助动力装置；在混联式混合动力汽车中，电机往往兼具发电和电动功能，能满足多种工作模式需要。

　　在能量变换过程中存在电能、机械能和磁场能量损失，这会影响能量转换效率。但是电机的能量转换效率一般都远高于其他设备的能量转换效率。相对于内燃机来说，电机的主要优势在于它可以在低速运行时提供较大的峰值转矩，并且可以短时间内提供 2~3 倍额定功率的瞬时功率。电机的这些特性可以给车辆带来出色的加速性能，同时在减速或制动时还可以实现再生制动。

（一）驱动电机性能要求

　　新能源汽车驱动电机系统面临的工况相对复杂，需要能够频繁起停、加减速，低速 / 爬坡时要求高转矩，高速行驶时要求低转矩，具有大变速范围；混合动力汽车还需要具备电机起动、电机发电、制动能量回馈等特殊功能。

　　此外，电机的能耗直接决定了固定电池容量情况下的续驶里程。因此，电动汽车驱动系统在负载要求、技术性能和工作环境上有特殊要求：

　　1）新能源汽车用驱动电机应具有瞬时功率大、过载能力强（过载系数为3~4）、加速性能好、使用寿命长的特点。

　　2）新能源汽车用驱动电机应具有宽广的调速范围，包括恒转矩区和恒功率区。在恒转矩区，要求低速运行时具有大转矩，以满足起步和爬坡的要求；在恒功率区，要求低转矩时具有较高速度，以满足汽车在平坦路面能够高速行驶的要求。

　　3）新能源汽车用驱动电机应能够在汽车减速时实现再生制动，将能量回收并反馈回动力蓄电池，提高新能源汽车的能量利用率。这是在内燃机汽车上所不能实现的。

　　4）新能源汽车用驱动电机应在整个运行范围内具有高的效率，以提高单次充电续驶里程。

　　5）新能源汽车用驱动电机还应具有可靠性高、能够在恶劣环境下长期工作、结构简单、重量轻、运行噪声低、维修方便、价格便宜等特点。

（二）驱动电机的类型

　　电机在工业中的应用非常广泛，功率覆盖范围宽，种类也很多，应用于新能源汽车的驱动电机主要包括直流电机、交流电机和开关磁阻电机三类，目前在乘用车、商用车领域应用较多的有直流（无刷）电机、交流感应（异步）电机、永磁同步电机、开关磁阻电机等。其他特殊类型的驱动电机包括轮毂/轮边电机、混合励磁电机、多相电机、双机械端口能量变换器目前市场化应用较少，能否大规模推广需要更长时间的车型验证。

1. 直流电机

1831年，约瑟夫·亨利制造出首台直流电机。良好的起动和控制特性是直流电机的典型特征。转子转速直接决定于电源电压的范围，因此极易调节。

直流电机的典型设计包括定子的永久磁铁，而工作电压则通过电刷提供给转子线圈。电机打开时，转子将旋转，直至转子磁场与定子磁场对齐。为了使转子一直旋转，必须通过换向器更改转子内磁场的极性进而更改磁场方向。在二极和四极电机上，运行过程中会产生很大的不平衡，因此实际上极数要多得多。换向器可产生正确的极性，这样转子便可一直旋转。

图 2-16　直流电机

直流电机控制器一般采用晶闸管脉宽调制（PWM）方式控制，调速平滑度高，制造简单，技术成熟且成本较低。直流电机的缺点是需要独立的电刷和换向器，导致转速提升受限；电刷易损耗，维护成本较高。

直流电机（图 2-16）多用于早期的电动汽车驱动系统，实际设计比较复杂。在驾驶模式中，还会遇到由电刷和集电环的磨损和摩擦造成的其他问题。目前，新研制的车型已经基本不再采用直流电机。

2. 永磁同步电机

随着20世纪80年代钕铁硼永磁材料的出现以及电力电子技术的发展，永磁电机在工业、民用领域得到推广。永磁同步电机是由电励磁同步电机发展而来的，两者的结构和运行原理基本相同。与电励磁同步电机相比，永磁电机的转子使用了高强度的永磁体，省去了集电环和电刷，永磁体可能被嵌在转子表面（覆在转子的外层）或者是包裹在铁转子的内部。后者被称为内置式转子，并且在混合动力汽车和纯电动汽车中的使用较为常见。永磁同步电机的定子与交流异步电机的类似，通入交流电产生旋转磁场，但转子用永磁体取代电枢绕组，电机转速与旋转磁场转速同步。

永磁同步电机（图 2-17）主要由机壳、定子和转子组成。定子包括定子铁心和定子绕组，定子绕组镶嵌在定子铁心中，绕组的作用是通电时可以产生磁场，铁心的作用是可以提高磁导率。

图 2-17　永磁同步电机

永磁同步电机具有较高的比功率，体积更小，质量更轻，输出转矩更大，电机的极限转速和制动性能也比较优异，因此永磁同步电机已成为现今电动汽车应用最多的电机。但永磁材料在受到振动、高温和过载电流作用时，其导磁性能可能会下降或发生退磁现象，有可能降低永磁电机的性能。

目前，永磁同步电机主要应用于体积小，速度、操控性能要求较高的电动乘用车领域，部分中小型客车也开始尝试使用永磁电机作为驱动源。

3. 交流异步电机

1889 年，德国 AEG 公司制造出首台交流异步电机；20 世纪 80 年代，微电子控制技术的完善使得交流电机得到推广。从结构上看，感应电机定子的结构与永磁电机定子的大体相同，然而，其转子是完全不同的。

大多数的感应电机使用笼形转子。这种转子通常由铜棒或铝棒制成。转子没有磁体，也不使用电刷或者集电环将电流从外部电源传输至转子。实际上，定子绕组产生旋转磁场，使转子导体产生感应电流。感应电流使导体本身产生感应电磁场。

为完成这一工作，定子磁场必须比转子运行得更快。感应电机定子磁场和转子磁场并不相互同步，因此这类电机被称为异步电机。两种场的速度差异被称为转差（或滑差），电机的转差由混合动力汽车和纯电动汽车的控制系统控制，以对转矩进行调整。

感应电机的优点在于结构简单，定子、转子由硅钢片叠压而成，两端用铝盖封装，定子、转子之间没有相互接触的机械部件，运行可靠性强，转速高，维护成本低。它的不足之处在于能耗高，转子发热快，高速工况下需要额外的冷却系统；功率因数低，需要大容量的变频器，造价较高，调速性较差。

如图 2-18 所示，交流异步电机主要用于对空间要求较低且速度性能要求不高的电动客车、物流车等商用车型，主要是美国车企（如特斯拉）和部分欧洲车企使用，中国、日本等新能源汽车上使用较多的是永磁同步电机。

图 2-18 交流异步电机

特斯拉选择交流异步电机，一方面与特斯拉最初的技术路径选择有关，感应电机价格低廉，而偏大的体积对于美式车并不重要；另一方面，美国高速路网发达，行车环境多为高速长途行驶，交流异步电机在高速区间效率性能较好。

4. 开关磁阻电机

1983 年，英国 TACS Drives 公司首次将开关磁阻电机推向市场。然而，直到 20 世纪 60 年代，由于电力电子技术、计算机技术和自动控制理论的发展，开关磁阻电机的设计开发才得以全面开展，开关磁阻电机的优点才被广泛地了解。2012 年，菲亚特 500 型 EV 采用了这一技术。该车定子和转子铁心均由硅钢片叠压而成，利用冲片上的齿槽构成双凸极结构，定子产生扭曲磁场，利用"磁阻最小原理"驱动转子运动。开关磁阻电机结构和控制方法简单，出力大，可靠性高，成本低，起动制动性能好，运行效率高，但电机噪声大，转矩脉动严重，非线性严重，用于电动汽车驱动有利有弊，目前在电动汽车中应用较少。

开关磁阻电机的定子与转子都是由硅钢片叠压而成，均采用凸极结构形式；定子和转子的凸极有很多组合方式，开关磁阻电机的定子凸极数量为偶数，转子凸极也为偶数，一般转子比定子少两个，共同组成不同极数的开关磁阻电机。

（三）驱动电机的结构组成

驱动电机一般由电机（图 2-19）、功率变换器和电子控制单元组成。

电机是以磁场为媒介进行电能和机械能相互转换的电磁装置，在电动汽车驱动过程中电机作为电动机运行，将动力蓄电池中储存的电能转换为机械能驱

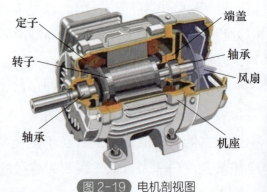

图 2-19 电机剖视图

定子 · 端盖 · 转子 · 轴承 · 风扇 · 轴承 · 机座

动车辆运行，在制动或减速过程中电机作为发电机运行，将机械能转化为电能储存在动力蓄电池中，实现制动能量回收。

功率变换器在电控单元的控制下输出特定的电压和电流调节电机的运行，以产生所需的转矩和转速。

（四）电机控制器

电机控制器是指控制动力电源与驱动电机之间能量传输的装置，由控制信号接口电路、驱动电机控制电路和驱动电路组成，如图 2-20 所示。

接下来以吉利帝豪 EV450 电机控制器为例进行讲解：

图 2-20　电机控制器

1. 吉利帝豪 EV450 电机控制器概述

吉利帝豪 EV450 电机控制器安装在前舱内，通过 CAN 总线控制着动力蓄电池组到电机之间能量的传输，同时采集电机位置信号和三相电流检测信号，精确地控制驱动电机运行。

电机控制器是一个既能将动力蓄电池中的直流电变换为交流电以驱动电机，又能将车轮旋转的动能转换为电能（交流电转换为直流电）给动力蓄电池充电的设备。减速阶段，电机作为发电机应用。它可以完成由车轮旋转的动能到电能的转换。DC/DC 模块集成在电机控制器内部，其功能是将电池的高压电转换成低压电。

IGBT 是复合全控型电压驱动式压开关，用于实现电机电路的非通即断。该开关是一种功率半导体器件，由绝缘栅型场效应管和双极型晶体管组成，具有输入阻抗高、工作速度快、通态电压低、阻断电压高、承受电流大等优点。

2. 吉利帝豪 EV450 电机控制器结构（图 2-21）

电机控制器内部包含一个 DC/AC 变换器和一个 DC/DC 变换器，逆变器由 IGBT、直流母线电容、驱动和控制电路板等组成，实现直流（可变的电压、电流）与交流（可变的电压、电流、频率）之间的转变。直流变换器由高低压功率器件、变压器、电感、驱动和控制电路板等组成，实现直流高压向直流低压的能量传递。电机控制器还包含冷却器（通过冷却液）给电子功率器件散热。

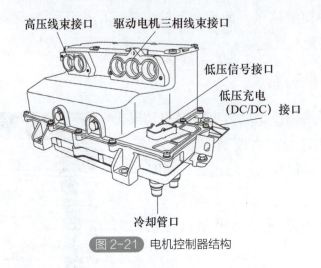

高压线束接口　驱动电机三相线束接口

低压信号接口

低压充电（DC/DC）接口

冷却管口

图 2-21　电机控制器结构

3. 吉利帝豪 EV450 电机控制器功能

（1）转矩控制模式

电机控制系统控制电机轴向四象限的转矩。由于没有转矩传感器，转矩指令（由整车控制器发送）被转换成电流指令，并进行闭环控制。转矩控制模式只有在获得正确的初始偏移角度时才能进行。

（2）静态模式

静态模式在电机控制器处于被动状态（待机状态）或故障状态时被激活。

（3）主动放电模式

主动放电模式用于高压直流端电容的快速放电。主动放电指令来自整车控制器的指令或由电机控制器内部故障触发。

（4）DC/DC 模块

电机控制器中的 DC/DC 变换器将高压直流端的高压转换成指定的直流低压（12V 低压系统），低压设定值来自整车控制器指令。

（5）系统诊断功能

当故障发生时，软件根据故障级别使电机控制器进入安全状态或限制状态。安全状态包括主动短路或 Freewheel 模式，限制状态包括四个级别的功率 / 转矩输出限制。电机控制器软件中提供基于 ISO 14229 标准的诊断通信功能。

（6）旋转变压器

旋转变压器产生旋变信号，其作用是反映驱动电机转子当前的旋转相位使电机控制器计算出当前驱动电机的转速。吉利帝豪 EV450 采用磁阻式旋转变压器，旋变转子与驱动电机转子同轴连接，随电机转轴旋转。旋变定子内侧有感应线圈，安装在驱动电机定子上。驱动电机旋转时，带动旋变转子旋转。旋变器与电机控制器中间通过六根低压线束连接，两根是电机控制器激励信号，另外四根分别是旋变器输出的正弦信号和余弦信号。六根线中任何一根线路出现故障，都会导致驱动电机无法正常工作。

（7）PWM 信号

IGBT 的通断由软件来控制，使其输出端得到一系列幅值相等而宽度不相等的脉冲，可用这些脉冲来代替交流正弦波形；再按照一定的规则对各脉冲的宽度进行实时调制，就可改变逆变电路输出电压的大小，也可改变输出频率。这样就可使其输出所需要的 PWM 信号实现对驱动电机的电压或频率的调整。

（8）驱动电机温度控制

驱动电机定子上设置有两组温度传感器，其采用负温度系数的电阻（温度越高，电阻越低），通过传感器电阻的变化，电机控制器可实时监控驱动电机的温度，防止电机温度过高。

4. 电机控制器关键技术

（1）逆变电路

将直流电转换为交流电、向驱动电机提供工作电源，逆变电路输出的频率和电压大小，取决于负载的实际需要，可以是定压定频的负载，也可以是调压调频的负载。逆变器是将直流电变换为交流电的装置。通过改变相应开关 ON/OFF，将频率切换至所需频率，这种能调压调频的逆变器通常称为变频器。

智能功率模块（IPM）将 IGBT、操作 IGBT 的电路及电压、电流和温度的保护和自诊断功能结合在一个电源模块中。根据转子的位置接通 IGBT，根据转子的位置产生三相交流电以产生相应的磁场来转动转子。IGBT 是一种快速切换大电流的半导体，也是控制混合动力汽车（需要较大输出功率）电机的最佳半导体。

丰田普锐斯的逆变器电路用于驱动电机 MG1 和 MG2 的逆变器。此电路由 2 个三相桥式电路（各包含 6 个 IGBT）组成，将直流电转换为三相交流电。

（2）再生制动电路

电动汽车再生制动能量回收系统能够有效发挥电动汽车的特点，回收制动、下坡滑行及减速运行等状态下的部分能量，将其转化为电能并给动力蓄电池充电，提高能源利用率，从而提高电动汽车的续驶里程。

（3）升降压斩波电路

升降压斩波电路又称升降压斩波器（Buck-boost Chopper），是一种既可以升压又可以降压的变换器。

由于"电功率＝电压 × 电流"，因此可使用高电压提高功率输出以驱动车辆。同时，为使功率相同，可使用较高的电压和较小的电流，从而减少电路以热能的形式损失的能量并使逆变器的结构更为紧凑。

（4）直流电源转换电路

车辆的电气零部件和各 ECU 使用直流电压 12V 作为其电源。在传统汽车中，交流发电机（使用发动机电源）用于为 12V 蓄电池充电并为电气零部件供电。新能源汽车不使用交流发电机，而是通过 DC/DC 变换器将动力蓄电池的电压转换成直流电压 14V。

（5）驱动电机的发展趋势

目前国内电动汽车整车企业自供驱动电机系统组件占比相对较大。随着新能源汽车制造企业尤其是轻资产型互联网汽车企业的迅速崛起，新能源汽车产业链分工细化成为必然趋势，第三方供应商提供驱动电机系统甚至动力总成的比例将逐步上升。

目前，部分"多合一"的电控产品已经在电动汽车中投入应用，同时集成了传统汽车分立的空调压缩机、转向助力泵电动机、气泵电动机控制器，以及混合动力车型中采用的 BG/ISG 电机等。随着微芯片在整车及总成控制中的应用日益广泛，多合一电控产品的成本有望进一下降，单一控制器将逐步被集成化的"车辆中央控制器"所取代。

电控系统的设计和标定与电机系统相关程度较高，根据匹配电机的不同，电控系统需要开发不同技术平台。早期的直流电机一般采用脉宽调制（PWM）斩波控制的方式进行控制，控制手段相对单一，应用也有局限性。随着感应电机和永磁电机的大量使用，电控系统的复杂程度迅速上升，矢量控制技术和直接转矩控制技术成为电控产品的主流技术，电动乘用车的普及对电机和电控系统的集成程度要求也越来越高。可以预见的是，未来电机与电控企业的业务交叉程度将逐步提高，可提供电机电控一体化动力总成产品的企业将有助于整车企业进一步降低车重和成本。

三、车载充电机

1. 车载充电机的作用

车载充电机是新能源汽车一个重要的高压部件，如图2-22所示。在汽车充电过程中发挥着重要作用，它可以将慢充的220V的交流电转换成直流电给动力蓄电池充电。车载充电机可以依据动力蓄电池管理系统提供的数据，动态调节充电电流与电压参数，执行相应的充电动作，完成充电过程。

图 2-22　车载充电机

车载充电机是决定充电功率和效率的关键部件，其技术的发展促进了电动汽车的大众化和实用化。

2. 车载充电机的结构组成及工作原理

（1）车载充电机的结构组成

车载充电机包括两大部分：充电机控制主板和电源部分（主回路）。

1）充电机控制主板　主要是对电源部分进行控制、监测、计量、计算、修正、保护以及与外界网络通信等功能，是车载充电机的"中枢大脑"。

2）电源部分　主要作用是将220V交流电转化为高压直流电，如图2-23所示。

图 2-23　车载充电机电源

（2）车载充电机的工作原理

车载充电机连接交流电源，将交流电源的电能变换成直流电源，然后通过控制模块、充电输出模块，给动力蓄电池组充电。

在充电过程中，保护模块会监测电池温度、电池电压等参数，并及时调整输出电压和电流，以保证充电的安全性和稳定性。当电池充满电时，直流电源模块就会停止输出电压和电流，以防止过充电。

四、DC/DC 模块

1. DC/DC 模块的作用

DC/DC 模块（图 2-24）可以将动力蓄电池的高压直流电变换为低压直流电，给整车的低压用电设备供电，并且给蓄电池充电，相当于传统燃油车的发电机。

图 2-24 DC/DC 模块

2. DC/DC 模块的结构组成及原理

（1）DC/DC 模块的结构组成

DC/DC 模块主要包括高压输入部分、电路板部分、整流输出部分。

1）高压输入部分主要是将从高压出来的高压直流电引入 DC/DC 模块内部。

2）电路板部分主要是把高压直流电变换成高压交流电，再把高压交流电降压至低压交流电。

3）整流输出部分是将交流电进行整流变换成低压直流电。

（2）DC/DC 模块的工作原理

当纯电动汽车整车 ON 档上电或充电唤醒上电时，动力蓄电池首先开始高压系统预充电流程，被唤醒的整车控制器（VCU）给 DC/DC 模块发送使能信号。DC/DC 模块接到使能信号后，开始启动工作，把动力蓄电池高压直流电进行变压后给低压蓄电池充电，并作为电源为车上大量电子元器件和控制系统供电，如图 2-25 所示。

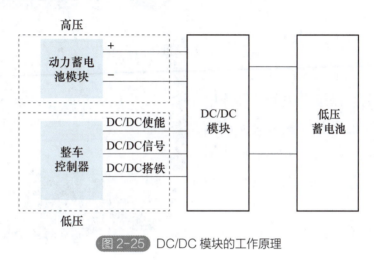

图 2-25　DC/DC 模块的工作原理

五、高压配电箱

1.高压配电箱的作用

电动汽车有一套高压配电系统。高压配电系统是将动力蓄电池的高压电分配给电机控制器、驱动电机、电动空调压缩机、PTC 加热器、DC/DC 变换器等高压用电设备。同时将交流、直流充电接口高压充电电流分配给动力蓄电池，以便为动力蓄电池充电。

2.高压配电箱的类型

按高压配电箱的布置形式分类，可将高压配电系统分为集成式和分布式两种。

集成式是将高压配电箱与其他高压组件系统集成在一起。如比亚迪 E5 将高压配电模块、电机控制器、车载充电机、DC/DC 变换器以及漏电传感器等集中布置在一起，称为高压电控总成或四合一电控总成。又如吉利帝豪 EV450 将高压配电箱与车载充电机集成在一起，称为车载充电机分线盒。再如北汽 EU 系列电动汽车，将高压配电盒与电机控制器、车载充电机与 DC/DC 变换器集成在一起，称为 PEU（图 2-26）。集成式高压配电箱的优点，在于节约插接器外部接口数量和整车布置空间，方便车辆空间布置。

分布式高压配电箱是以高压配电箱为中心，分别为高压部件分配高压电，分布式高压配电箱的优点是各系统高压部件独立供电，分别控制，便于维修。代表车型有吉利帝豪EV300等。

一般高压配电系统由分线盒（有些车型也称为高压配电单元、高压电器盒等）、直流充电接口、交流充电接口、高压配电线束、电动空调压缩机线束、PTC加热器线束、电机二相线等组成。

（1）分线盒（高压配电单元、高压电器盒）

分线盒的作用类似于低压供电系统中的熔丝盒，高压分线盒的功能包括高压电能的分配和高压回路的过载及短路保护。

图 2-26 PEU

分线盒将动力蓄电池总成输送的电能分配给电机控制器、空调压缩机和PTC加热器。此外，交流慢充时，充电电流也会经过分线盒流入动力蓄电池为其充电。

（2）直流、交流充电接口

直流充电接口能接收直流充电桩的电能，并通过高压线束将电能输送给动力蓄电池总成，为其充电。

交流充电接口能接收交流充电桩的电能，并通过高压线束将电能输送给车载充电机。车载充电机将交流电转化成直流电再传递给分线盒，分线盒经过直流母线将直流电传递到动力蓄电池，为其充电。

（3）驱动电机三相线

车辆行驶时，电流从动力蓄电池依次经过直流母线、分线盒、电机控制器高压线、电机控制器、电机三相线到达驱动电机，产生驱动力。车辆正常行驶时驱动电机的能量传递路线与车辆减速行驶时能量回收的传递路线相反，如图2-27所示。

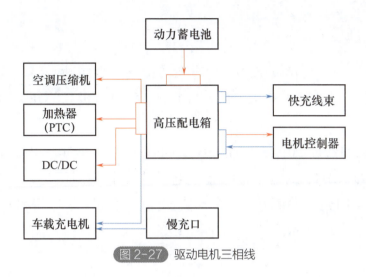

图2-27　驱动电机三相线

典型工作任务

任务 01　电机控制器 IGBT 桥臂状态的检测

一、任务导入

1. 任务描述

电机控制器内部包含逆变器，逆变器由 IGBT、直流母线电容、驱动和控制电路板等组成，实现直流电与交流电之间的转变。IGBT 为二极管，具有单向导通性。IGBT 的好与坏，直接决定了电动汽车的加速度、最高速度、电耗，以及能不能秒级起跑、能不能平滑变速、能不能稳定停车等。动力性能与 IGBT 有很大的关系。

2. 任务分析

电机控制器 IGBT 桥臂状态检测操作应注意以下 2 点：

1）电机控制器为高压部件，在对其进行检测操作前，一定要做好高压安全防护，保证操作安全。

2）操作时，操作人员必须穿戴必要的安全防护用品，如绝缘手套、绝缘鞋等，其耐压等级必须大于动力蓄电池组的最高电压。用前须检查其是否完好无损，确保安全。

二、任务资讯

IGBT 导通时，可承受数十至数百安培的电流，而断开时，可承受数百至数千伏的电压，而 IGBT 在大电流／电压下，也可有极高的开关速度，每秒可达 1 万次。

当电子控制器控制电路中的 IGBT2 和 IGBT4 导通时，动力蓄电池电流从电池正极流经 IGBT2 到电机，电流从电机的 V 相绕组流进，U 相绕组流出，再通过 IGBT4 回到动力蓄电池负极形成回路。而电机中 V 相和 U 相通电后产生磁场，如图 2-28 所示。

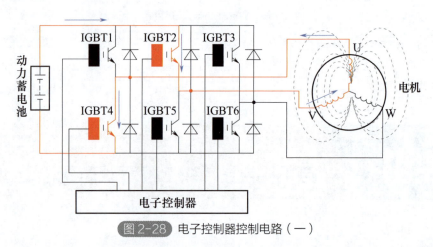

图 2-28 电子控制器控制电路（一）

当电子控制器控制电路中的 IGBT3 和 IGBT5 导通时，动力蓄电池电流从电池正极流经 IGBT3 到电机，电流从电机的 W 相绕组流进，V 相绕组流出，再通过 IGBT5 回到动力蓄电池负极形成回路。而电机中 W 相和 V 相通电后产生磁场，如图 2-29 所示。

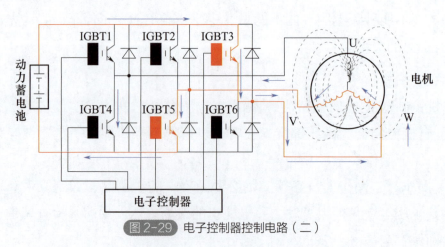

图 2-29 电子控制器控制电路（二）

当电子控制器控制电路中的 IGBT1 和 IGBT6 导通时，动力蓄电池电流从电池正极流经 IGBT1 到电机，电流从电机的 U 相绕组流进，W 相绕组流出，再通过 IGBT6 回到动力蓄电池负极形成回路。而电机中 U 相和 W 相通电后产生磁场，如图 2-30 所示。

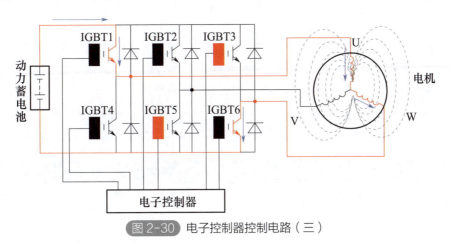

图 2-30　电子控制器控制电路（三）

三、任务组织

1. 实施准备

（1）作业规范

在维修带有高电压的新能源汽车前，务必规范执行高压电的断电和检验操作，避免因意外造成高压触电。在进行高压系统断电前，必须做好场地布置、绝缘用品准备、断开低压电源等工作。

（2）场地布置

作业前，应进行现场环境检查，检查绝缘垫，设立隔离柱，布置警戒线，张贴警示牌，以警示相关人员，避免无关人员进入工作场地而发生安全事故。

（3）准备绝缘用品

新能源汽车维修人员必须检查并穿戴必要的安全防护用品，如绝缘手套、绝缘鞋、护目镜、安全帽等；同时，维修过程中进行高压部件的拆装时需要使用绝缘工具，确保操作人员人身安全。

2. 制订计划

计划表

1. 作业计划

序号	作业项目	操作要点	注意事项
1			
2			
3			
4			
5			
6			
7			

2. 设备清单

序号	设备名称	用途	规格型号	数量
1				
2				
3				
4				
5				
6				

3. 其他材料清单

序号	材料名称	用途	规格型号	数量
1				
2				
3				
4				

审核	小组审核意见 组长签名：　　　年　月　日 教师审核意见 教师签名：　　　年　月　日

四、任务实施

在做好个人安全防护、维修场地安全检查之后，按照准备流程，做好高压断电流程，以保证高压部件检测过程中的安全。下面以吉利帝豪 EV450 车型为例进行任务实施环节。

1. 电机控制器 IGBT 桥臂状态检测

（1）高压断电

1）关闭车辆点火开关，确认点火开关置于"LOCK"位置，将钥匙放到一个安全的区域，通常应该远离被检测的汽车。

2）所有充电口应用绝缘胶带封住，防止车辆作业时被误充电。

3）断开低压蓄电池负极线，并等待 5min 以上。

4）断开动力蓄电池高压线束。

5）高压验电、放电。

（2）拆下盖子

拆卸电机控制器盖，如图 2-31 所示。

图 2-31 拆卸电机控制器盖

（3）检测 IGBT 各桥臂状态

使用万用表，调整万用表至二极管档，测量电机控制器逆变器内部 IGBT 的桥臂状态，验证 IGBT 的单向导通性。

测量动力蓄电池正负极输入端子 T+、T- 与驱动电机三相交流输出端子 U、V、W 之间的桥臂状态，如图 2-32 所示，并记录到表 2-1 中。

测量 T+ 端子与 U 端子之间的桥臂状态，判断是否具有单向导通性

测量 T− 端子与 U 端子之间的桥臂状态，判断是否具有单向导通性

测量 T+ 端子与 V 端子之间的桥臂状态，判断是否具有单向导通性

测量 T− 端子与 V 端子之间的桥臂状态，判断是否具有单向导通性

图 2-32 检测 IGBT 各桥臂状态

测量 T+ 端子与 W 端子之间的桥臂状态，判断是否具有单向导通性

测量 T– 端子与 W 端子之间的桥臂状态，判断是否具有单向导通性

测量 T+ 端子与 T– 端子之间的桥臂状态，判断是否具有单向导通性

图 2-32　检测 IGBT 各桥臂状态（续）

表 2-1　记录电机控制器 IGBT 各桥臂状态

IGBT 各桥臂状态			黑表笔				
			T+	T–	U	V	W
	红表笔	T+					
		T–					
		U					
		V					
		W					

2. 任务记录工单

任务单	电机控制器 IGBT 桥臂状态的检测	班级
		姓名

1. 车辆信息记录

品牌		整车型号		生产年月	
电机型号		动力蓄电池容量		行驶里程	

车辆识别代码	

2. 电机控制器 IGBT 桥臂状态检测

步骤	操作项目	完成情况	结果分析
1			
2			
3			
4			
5			
6			
7			
8			

任 务 评 价

电机控制器 IGBT 桥臂状态的检测		姓名:	
日期:	班级:	学号:	
自我评价:□熟练 　　　　□不熟练	组长评价:□熟练　□不熟练		教师签名:
教师评价:□优秀　□良好　□合格　□不合格			

电机控制器 IGBT 桥臂状态的检测评分细则

序号	评分项	得分条件	分值	评分要求	自我评价	组长评价	教师评价
1	安全/7S/态度	□1. 能接受任务并完成任务 □2. 能进行设备和工具安全检查 □3. 能进行车辆安全防护操作 □4. 能进行人员高压安全防护操作 □5. 能进行三不落地操作 □6. 能进行团队合作作业 □7. 能进行工位 7S 操作 □8. 能进行有效沟通	20	未完成 1 项扣 3 分,扣分不得超过 20 分	□能做到 □做不到	□能做到 □做不到	□优秀 □良好 □合格 □不合格
2	专业技能	□1. 能正确检查车辆基本状态 □2. 能正确进行部件检测 □3. 能正确判断部件好坏 □4. 能正确使用检测设备 □5. 能合理提出维修建议	40	未完成 1 项扣 5 分,扣分不得超过 40 分	□熟练 □不熟练	□熟练 □不熟练	□优秀 □良好 □合格 □不合格
3	工具及设备使用能力	□1. 能正确使用维修工具 □2. 能正确使用万用表、诊断仪、示波器等诊断设备 □3. 能正确使用专用工具	5	未完成 1 项扣 3 分,扣分不得超过 5 分	□熟练 □不熟练	□熟练 □不熟练	□优秀 □良好 □合格 □不合格
4	资料、信息查询能力	□1. 能正确查询车辆信息 □2. 能正确使用维修手册查询资料 □3. 能正确记录所查询资料的章节及页码 □4. 能正确记录检查状态信息	10	未完成 1 项扣 3 分,扣分不得超过 10 分	□熟练 □不熟练	□熟练 □不熟练	□优秀 □良好 □合格 □不合格

（续）

序号	评分项	得分条件	分值	评分要求	自我评价	组长评价	教师评价
5	数据判断和分析能力	□1. 能判断无钥匙进入模块故障仪表状态 □2. 能判断仪表指示灯状态 □3. 能判断监测数据	10	未完成1项扣2分，扣分不得超过10分	□能做到 □做不到	□能做到 □做不到	□优秀 □良好 □合格 □不合格
6	表单填写及撰写能力	□1. 字迹清晰 □2. 语句通顺 □3. 无错别字 □4. 无涂改 □5. 无抄袭	5	未完成1项扣1分，扣分不得超过5分	□熟练 □不熟练	□熟练 □不熟练	□优秀 □良好 □合格 □不合格
7	素养	□1. 注重团队合作 □2. 注意安全防护 □3. 注意保护实训设备 □4. 做到三不伤害 □5. 保护环境	10	未完成1项扣2分，扣分不得超过10分	□能做到 □做不到	□能做到 □做不到	□优秀 □良好 □合格 □不合格

否决项：1. 操作过程产生高压危险或设备损坏；2. 操作人员或其他人员受伤；3. 隐瞒车辆故障或其他安全隐患

总分：_____

_____

_____

_____

_____

任务 02　高压配电箱熔断器的检测

一、任务导入

1. 任务描述

电动汽车通常在大功率的电力环境下运行，有时电压超过 700V，电流超过 400A，对于高压系统的设计以及零配件的选用有很高的要求，高压电通过高压电缆进入高压配电箱后，根据供电系统需求分配到各个高压部件，需要保证高压部件以及高压电气设备的安全性、绝缘性、电磁干扰屏蔽等要求。因此高压配电箱内部有多个熔断器，可以很好地保护相关回路。

2. 任务分析

本次任务以吉利帝豪 EV450 为例。吉利帝豪 EV450 中车载充电机与高压配电箱集成装在一起，称为车载充电机分线盒。车载充电器分线盒的作用类似于低压供电系统中的熔丝盒，高压接线盒功能包括：高压电能的分配，高压回路的过载及短路保护。车载充电器分线盒将动力蓄电池总成输送的电能分配给电机控制器、空调压缩机和 PTC 加热器。此外，交流慢充时，充电电流也会经过分线盒流入动力蓄电池为其充电。

二、任务资讯

车载充电器分线盒内对电动压缩机回路、PTC 加热器回路、交流慢充回路各设有一个 40A 熔断器。当上述回路电流超过 90A 时，熔断器会在 15s 内熔断；当回路电流超过 150A 时，熔断器会在 1s 内熔断，保护相关回路，如图 2-33 所示。

三、任务组织

1. 实施准备

（1）作业规范

在维修带有高电压的新能源汽车前，务必规范执行高压电的断电和检验操作，避免因意外造成高压触电。在进行高压系统断电前，必须做好场地布置、绝缘用品准备、断开低压电源等工作。

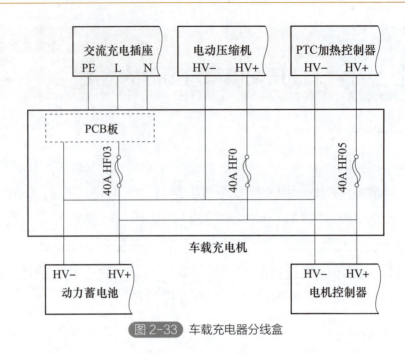

图 2-33 车载充电器分线盒

（2）场地布置

作业前应进行现场环境检查，检查绝缘垫，设立隔离柱，布置警戒线，张贴警示牌，以警示相关人员，避免无关人员进入工作场地而发生安全事故。

（3）准备绝缘用品

新能源汽车维修人员必须检查并穿戴必要的安全防护用品，如绝缘手套、绝缘鞋、护目镜、安全帽等；同时，维修过程中进行高压部件的拆装时需要使用绝缘工具，确保操作人员人身安全。

2.制订计划

计划表

1. 作业计划			
序号	作业项目	操作要点	注意事项
1			
2			
3			
4			
5			
6			
7			

（续）

2. 设备清单

序号	设备名称	用途	规格型号	数量
1				
2				
3				
4				
5				
6				

3. 其他材料清单

序号	材料名称	用途	规格型号	数量
1				
2				
3				
4				

审核	小组审核意见 　　　　　　　　　　组长签名：　　年　　月　　日 教师审核意见 　　　　　　　　　　教师签名：　　年　　月　　日

四、任务实施

在做好个人安全防护、维修场地安全检查之后，按照检测的准备流程，做好检测前的各项准备工作。

1. 检测流程

1）做好高压断电流程。

2）检查车载充电机分线盒外壳有无变形、有无明显的碰撞痕迹。

3）检查车载充电机分线盒连接线束是否牢固，有无破损、裂纹，如图 2-34 所示。

4）检查车载充电机分线盒紧固螺栓是否锈蚀，紧固力矩是否足够，如图 2-35 所示。

图 2-34　检查车载充电机分线盒连接线束

图 2-35　检查车载充电机分线盒紧固螺栓

5）检测车载充电机分线盒的绝缘性能，使用绝缘测试仪检测车载充电机分线盒的高压接口和高压电缆绝缘电阻值，标准值为大于20MΩ，如图2-36所示。

图 2-36　检测车载充电机分线盒的绝缘性能

6）检查车载充电机分线盒内部熔断器电阻值，标准值为小于 1Ω，如图 2-37~ 图 2-39 所示。

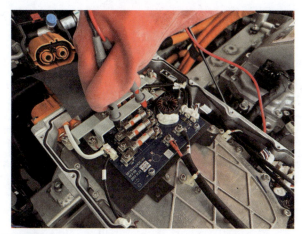

图 2-37　检查车载充电机分线盒内部熔断器电阻值（一）

图 2-38　检查车载充电机分线盒内部熔断器电阻值（二）

图 2-39　检查车载充电机分线盒内部熔断器电阻值（三）

2. 任务记录工单

任务单	高压配电箱熔断器的检测	班级
		姓名

1. 车辆信息记录

品牌		整车型号		生产年月	
电机型号		动力蓄电池容量		行驶里程	
车辆识别代码					

2. 车辆基本检查

检查项目	检查情况		
安全防护		是	否
辅助蓄电池电压		异常	正常
高压部件安装及插接器连接情况		异常	正常

3. 高压配电箱熔断器的检测

步骤	操作项目	完成情况	结果分析
1			
2			
3			
4			
5			
6			
7			
8			

4. 检测结论

部件是否完好		
故障点所在		

任 务 评 价

高压配电箱熔断器的检测		姓名:	
日期:	班级:	学号:	
自我评价: □熟练 □不熟练	组长评价: □熟练　□不熟练	教师签名:	
教师评价: □优秀　□良好　□合格　□不合格			

高压配电箱熔断器的检测评分细则

序号	评分项	得分条件	分值	评分要求	自我评价	组长评价	教师评价
1	安全/7S/态度	□ 1. 能接受任务并完成任务 □ 2. 能进行设备和工具安全检查 □ 3. 能进行车辆安全防护操作 □ 4. 能进行人员高压安全防护操作 □ 5. 能进行三不落地操作 □ 6. 能进行团队合作作业 □ 7. 能进行工位 7S 操作 □ 8. 能进行有效沟通	20	未完成1项扣3分,扣分不得超过20分	□能做到 □做不到	□能做到 □做不到	□优秀 □良好 □合格 □不合格
2	专业技能	□ 1. 能正确检查车辆基本状态 □ 2. 能正确进行部件检测 □ 3. 能正确判断部件好坏 □ 4. 能正确使用检测设备 □ 5. 能合理提出维修建议	40	未完成1项扣5分,扣分不得超过40分	□熟练 □不熟练	□熟练 □不熟练	□优秀 □良好 □合格 □不合格
3	工具及设备使用能力	□ 1. 能正确使用维修工具 □ 2. 能正确使用万用表、诊断仪、绝缘测试仪等诊断设备 □ 3. 能正确使用专用工具	5	未完成1项扣3分,扣分不得超过5分	□熟练 □不熟练	□熟练 □不熟练	□优秀 □良好 □合格 □不合格
4	资料、信息查询能力	□ 1. 能正确查询车辆信息 □ 2. 能正确使用维修手册查询资料 □ 3. 能正确记录所查询资料的章节及页码 □ 4. 能正确记录检查状态信息	10	未完成1项扣3分,扣分不得超过10分	□熟练 □不熟练	□熟练 □不熟练	□优秀 □良好 □合格 □不合格

（续）

序号	评分项	得分条件	分值	评分要求	自我评价	组长评价	教师评价
5	数据判断和分析能力	□ 1. 能判断部件外观状态 □ 2. 能分析检测结果	10	未完成1项扣2分，扣分不得超过10分	□能做到 □做不到	□能做到 □做不到	□优秀 □良好 □合格 □不合格
6	表单填写及撰写能力	□ 1. 字迹清晰 □ 2. 语句通顺 □ 3. 无错别字 □ 4. 无涂改 □ 5. 无抄袭	5	未完成1项扣1分，扣分不得超过5分	□熟练 □不熟练	□熟练 □不熟练	□优秀 □良好 □合格 □不合格
7	素养	□ 1. 注重团队合作 □ 2. 注意安全防护 □ 3. 注意保护实训设备 □ 4. 做到三不伤害 □ 5. 保护环境	10	未完成1项扣2分，扣分不得超过10分	□能做到 □做不到	□能做到 □做不到	□优秀 □良好 □合格 □不合格

否决项：1. 操作过程产生高压危险或设备损坏；2. 操作人员或其他人员受伤；3. 隐瞒车辆故障或其他安全隐患

总分：_____

_____

_____

_____

_____

Module 03

能力模块三
混合动力汽车结构与原理的认知

  混合动力汽车（Hybrid Vehicle）是指车辆驱动系统由两个或多个能同时运转的单个驱动系统联合组成的车辆，车辆的行驶功率依据实际的车辆行驶状态由单个驱动系统单独或共同提供。通常所说的混合动力汽车，一般是指油电混合动力汽车（Hybrid Electric Vehicle,HEV），即采用传统的内燃机（柴油机或汽油机）和电机作为动力源，也有的发动机经过改造使用其他替代燃料，例如压缩天然气、丙烷和乙醇燃料等。

能力目标

知识目标

- 能够正确认识混合动力汽车的类型。
- 能够讲述混合动力汽车的运行模式。
- 能够讲述出比亚迪·秦构造，分析运行原理。

技能目标

- 能够正确地说出实车上相应零件名称。
- 能够判断是插电混合汽车还是非插电混合汽车。

素养目标

- 严格执行新能源汽车检修规范，养成严谨科学的工作态度。
- 养成总结反思的习惯，为下次训练积累经验。
- 养成相互探讨、团结协作的精神。
- 严格落实 7S 现场整理。

知识准备

一、混合动力汽车的分类

根据混合动力驱动模式，混合动力系统主要分为以下 3 类：

1. 串联式混合动力汽车

串联式混合动力汽车由发动机、发电机和电机三部分组成，它们之间用串联方式组成串联式混合动力汽车动力单元系统，发动机驱动发电机发电，电能通过控制器输送到动力蓄电池组或电动机，由电动机通过变速机构驱动汽车。

串联式混合动力汽车的结构如图 3-1 所示。

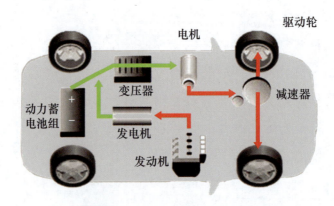

图 3-1 串联式混合动力汽车的结构

串联式混合动力系统一般由发动机直接带动发电机发电，电能通过控制器输送到电池或电动机，由电动机通过变速机构驱动汽车。小负荷时由动力蓄电池组驱动电动机驱动车轮，大负荷时由发动机带动发电机发电驱动电动机，当车辆处于启动、加速、爬坡工况时，则由动力蓄电池组驱动电动机；当电池组缺电时，则由发动机、发电机组向动力蓄电池组充电。

2. 并联式混合动力汽车

如图 3-2 所示，并联式混合动力汽车的驱动系统由发动机与电机两大动力总成组成，可采用"并联"的方式驱动车辆。驱动电机的动力要与车辆驱动系统相结合。

1）在发动机输出轴处进行组合。

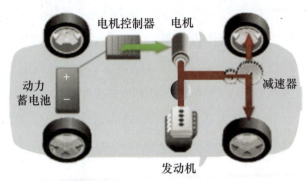

图 3-2　并联式混合动力汽车的结构

2）在变速器处进行组合。

3）在驱动桥处进行组合。

并联式混合动力汽车由发动机和电机共同驱动汽车，发动机与电机分属两套系统，可以分别独立地向汽车传动系统提供转矩，在不同的工况下既可以共同驱动又可以单独驱动。当汽车加速爬坡时，电机和发动机能够同时向传动机构提供动力，一旦车速达到巡航速度，汽车将仅仅依靠发动机维持该速度。电机既可以作电动机，又可以作发电机使用，由于没有单独的发电机，发动机可以直接通过传动机构直接驱动车轮，这种装置更接近传统汽车的驱动系统，机械效率损耗与普通汽车差不多，得到比较广泛的应用。

3. 混联式混合动力汽车

混联式混合动力汽车的结构如图 3-3 所示，即在并联的基础上加入一台发电机，即燃油汽车＋电动机＋发电机＝混联。但它不具备普通燃油汽车上配置的变速器，通常是一种所谓"ECVT"行星齿轮结构的耦合单元替代了变速器，起到连接、切换两种动力以及减速增矩的作用。也有一些厂家在混联结构

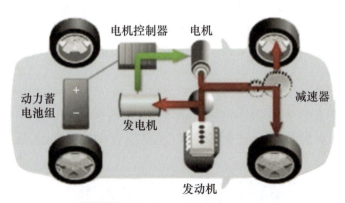

图 3-3　混联式混合动力汽车的结构

中使用普通的变速器，如双离合变速器、无级变速器等，但是效果远不及这种 ECVT 变速结构。与并联式工作模式相比，有些混联式增加了充电模式，即在电动机驱动车辆的时候发动机起动，带动发电机为动力蓄电池充电。

根据在混合动力系统中，电机的输出功率在整个系统输出功率中占的比例（即常说的混合度），混合动力系统还可以分为以下四类：微混合动力系统、轻混合动力系统、中混合动力系统、完全混合动力系统。

（1）微混合动力系统

微混合动力系统采用了带驱动起动机（也就是常说的 Belt-alternator Starter Generator，简称 BSG 系统）。该电机为发电起动（Stop-Start）一体式电动机，用来控制发动机的起动和停止，从而取消了发动机的怠速，降低了油耗和排放。从严格意义上来讲，这种微混合动力系统的汽车不属于真正的混合动力汽车，因为它的电机并没有为汽车行驶提供持续的动力。

（2）轻混合动力系统

轻混合动力系统采用了集成启动机（也就是常说的 Integrated Starter Generator，简称 ISG 系统）。与微混合动力系统相比，轻混合动力系统除了能够实现用发电机控制发动机的启动和停止，还能够实现在减速和制动工况下，对部分能量进行吸收；在行驶过程中，发动机等速运转，发动机产生的能量可以在车轮的驱动需求和发电机的充电需求之间进行调节。轻混合动力系统的混合度一般在 20% 以下。

（3）中混合动力系统

该混合动力系统同样采用了集成启动机。与轻混合动力系统不同，中混合动力系统采用的是高压电机，另外，它还增加了一个功能：在汽车处于加速或者大负荷工况时，电机能够辅助驱动车轮，从而补充发动机本身动力输出的不足，从而更好地提高整车性能。这种系统的混合程度较高，可以达到 30%。目前技术已经成熟，应用广泛。

（4）完全混合动力系统

该系统采用了高压启动机，混合程度更高。与中混合动力系统相比，完全混合动力系统的混合度可以达到 50%。完全混合动力系统逐渐成为混合动力技术的主要发展方向。

4. 串联、并联、混联式混合动力汽车的对比

串联、并联、混联式混合动力汽车在燃油经济性、尾气排放等方面的比较

见表 3-1。

表 3-1 串联、并联、混联式混合动力汽车性能比较

对比项	串联式	并联式	混联式
公路行驶燃油经济性	较优	优	优
城市行驶燃油经济性	优	较优	优
无路行驶燃油经济性	较优	优	优
低排放性能	优	较优	较优
成本	低	较低	较低
复杂程度	简单	较复杂	复杂
控制难易程度	简单	较复杂	复杂

串联、并联、混联式混合动力汽车在驱动模式、传动效率、整车布置、适用条件等方面特点的比较见表 3-2。

表 3-2 串联、并联、混联式混合动力汽车特点比较

对比项	串联式	并联式	混联式
动力总成	发动机、电动机、发电机三大动力总成	发动机、电机两大动力总成	发动机、发电机、电动机三大动力总成
驱动模式	纯电模式	纯电模式、纯油模式、混合模式	纯电模式、纯油模式、混合模式、充电模式
传动效率	低	较高	较高
制动能量回收	能够回收	能够回收	能够回收
整车总布置	各动力总成之间没有机械式连接装置。结构布置的自由度较大，但各动力总成的质量、尺寸都较大，一般在大型车辆上采用	发动机驱动系统保持机械式传动系统，发动机与电机两大动力总成之间被不同的机械装置连接起来，结构复杂，布置受到一定的限制	各动力总成之间采用机械装置连接，各动力总成的质量、尺寸都较小，能够在小型车辆上布置，结构更加紧凑
适用条件	适用于大型客车或货车，适于在路况较复杂的城市道路和普通公路上行驶，更加接近电动汽车性能	适用于中小型汽车，适于在城市道路和高速公路上行驶，接近普通的内燃机汽车性能	适用于各种类型的汽车，适于在各种道路上行驶，更加接近普通燃油汽车性能
造价	三大动力总成的功率较大，质量较重，制造成本较高	只有两大动力总成，两大动力总成的功率较小、质量较轻，电机具有双重功能，还可以利用燃油汽车底盘改装，制造成本较低	虽然有三大动力总成，但三大动力总成的功率较小、质量较轻，需要采用复杂的控制系统，制造成本较高

二、混合动力电动汽车的特点

混合动力电动汽车将发动机、电机、能量存储装置（电池组）等组合在一起，它们之间的良好匹配和优化控制，可充分发挥燃油汽车和电动汽车的优点，避免各自的不足，是极具实际开发意义的低排放和低油耗汽车。

1. 优点

（1）混合动力电动汽车对比纯电动汽车的优点

1）由于发动机作为辅助动力，动力蓄电池的数量和质量可减少，因此汽车总质量可以减少。

2）汽车的续驶里程和动力性可达到燃油汽车的水平。

3）借助发动机的动力，可带动空调、真空助力、转向助力及其他辅助电器，无需消耗动力蓄电池有限的电能，从而保证了驾车和乘坐的舒适性。

（2）混合动力电动汽车对比燃油汽车的优点

1）可使发动机在最佳的工况区域稳定运行，避免或减少了发动机变工况下的运行，使得发动机的排污和油耗大为降低。

2）在人口密集的商业区、居民区等地，可关停内燃机，可用纯电动方式驱动，实现零排放。

3）可通过电机提供动力，因此可配备功率较小的发动机，并可通过电机回收汽车减速和制动时的能量，进一步降低汽车的能源消耗和排污。

显然，混合动力电动汽车研发对于减少石油能源的消耗，减少汽车排气中的有害气体量能够起到积极有效的作用。

2. 缺点

与纯电动汽车相比，混合动力电动汽车未能完全摆脱对传统能源的依赖，在纯油或混动模式下依然有污染物的排放。与传统燃油汽车相比，混合动力电动汽车的控制和结构复杂，车身较重，纯油工况下油耗较高。

三、插电式混合动力汽车

插电式混合动力汽车是一种新型的混合动力电动汽车。区别于传统汽油动力与电驱动结合的混合动力，插电式混合动力的驱动原理、驱动单元都与纯电动汽车无异，之所以称其为混合动力，是这类车上装备有一台发动机，且动力蓄电池能够外接充电，故名插电式混合动力汽车，如图3-4所示。

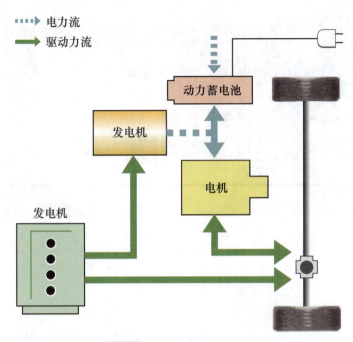

图 3-4　插电式混合动力汽车

1. 比亚迪·秦混合动力汽车外观认知

1）车身上标有 DM 双模电动车（有两种模式：EV 模式和 HEV 模式；两种动力源：内燃机和电机）字样，一般标注在汽车尾部，如图 3-5 所示。

图 3-5　比亚迪·秦车尾标识认知

2）查看汽车尾部是否有充电装置。比亚迪·秦可充电也可放电。车不仅可以接受外部电量，还可以反向放电，给外部充电，如图 3-6 所示。

3）查看车身侧面是否有加油口。比亚迪·秦有纯电、纯油和混动三种工作模式，如图 3-7 所示。

图 3-6 查看充电装置

图 3-7 查看加油口

2. 比亚迪·秦混合动力汽车前机舱认知

查看前机舱内是否同时拥有内燃机和驱动电机控制器；若两者皆有，则为混合动力汽车，如图 3-8 所示。

图 3-8 查看内燃机和驱动电机

3. 比亚迪·秦混合动力汽车动力蓄电池认知

1）打开行李舱，取出隔板，如图 3-9 所示。

图 3-9 取出隔板

2）查看动力蓄电池，如图 3-10 所示。

图 3-10 查看动力蓄电池

4. 比亚迪·秦混合动力汽车车内配置认知

模式调节开关可切换 EV-ECO（纯电动 - 节能模式）、EV-SPORT（纯电动 - 运动模式）、HEV-ECO（混合动力 - 节能模式）、HEV-SPORT（混合动力 - 运动模式）四种工作模式，如图 3-11 所示。

按下 EV 按钮并逆时针旋转 MODE 旋钮，车辆进入 EV-ECO（纯电动 - 节能模式），按下 EV 按钮并顺时针旋转 MODE 旋钮，车辆进入 EV-SPORT（混合动力 - 节能模式），按下 HEV 按钮并逆时针旋转

图 3-11 模式调节开关

MODE 旋钮，车辆进入 HEV-ECO（混合动力 – 节能模式），按下 HEV 按钮并顺时针旋转 MODE 旋钮，车辆进入 HEV-SPORT（混合动力 – 运动模式）。

四、增程式混合动力汽车

由整车控制器完成运行控制策略，动力蓄电池组可由地面充电桩或车载充电机充电，发动机可采用燃油型或燃气型。整车运行模式可根据需要工作于纯电动模式、增程模式或混合动力模式（HEV）。当工作于增程模式时，节油率随动力蓄电池组容量增大

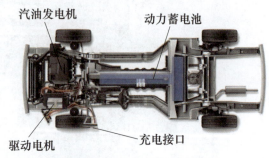

图 3-12　增程式混合动力汽车

无限接近纯电动汽车，是纯电动汽车的平稳过渡车型。低速转矩大，高速运行平稳，制动能量回收效率高，结构简单，易维修，实用性强，如图 3-12 所示。

当电池电量充足时，动力蓄电池驱动电机，提供整车驱动功率需求，此时发动机不参与工作。当电池电量消耗到一定程度时，发动机起动，发动机为动力蓄电池提供能量，对动力蓄电池进行充电。当电池电量充足时，发动机停止工作，由动力蓄电池驱动电机进而驱动整车。典型车型代表为理想 L9，如图 3-13 所示。

图 3-13　理想 L9

五、混合动力汽车的运行模式与原理

（一）串联式混合动力汽车

1.基本结构

串联式混合动力系统如图 3-14 所示。

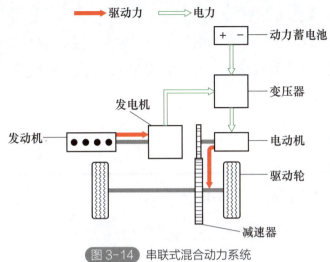

图 3-14　串联式混合动力系统

2. 串联式混合动力驱动系统的三种基本控制模式

1）主要利用动力蓄电池来驱动车辆，仅当 SOC 降低到最小限值时，发动机才起动。发动机在最高效率区以输出恒定功率的方式工作，当 SOC 回升到最大限值时发动机关机。

2）"负荷跟随"控制模式。

3）上述两种控制模式的一个折中方案。

3. 串联式混合动力驱动系统的优点与缺点

（1）串联式混合动力驱动系统的优点

1）能运行在其转矩－转速特性图上的任何工作点，而且能始终在最佳的工作区域内稳定运行。因此，发动机具有良好的经济性和低的排放性能。此外，发动机从驱动轮上的机械解耦，使高转速发动机能够得到应用。

2）整车结构布置的自由度较大，各种驱动系统元件可以放在它最适合的位置。

3）由于电动机的功率大，制动能量回收的潜力大，可以提高能量利用效率。

（2）串联式混合动力驱动系统的缺点

1）发动机输出的能量利用率比较低。串联混合动力系统的发动机能保持在最佳工作区域内稳定运行，这一特点的优越性主要表现在低速、加速等工况，而在汽车中、高速行驶时，由于其电传动效率较低，抵消了发动机效率高的优点。

2）电动机的功率要足够大。

3）电动机和动力蓄电池的体积和重量都较大，使得整车较重。

4）串联式混合动力汽车更适用于经常在市内低速运行的工况，而不适合高速公路行驶工况。

（二）并联式混合动力汽车

1. 基本结构

并联式混合动力系统如图 3-15 所示。

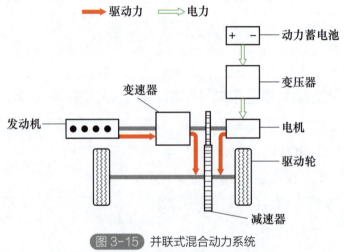

图 3-15　并联式混合动力系统

2. 并联式混合动力驱动系统典型工作模式的功率流

1）车辆起动、低速及轻载行驶时，发动机关闭，车辆由电机驱动，为纯电动工作模式，如图 3-16 所示。

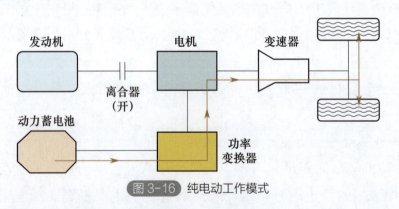

图 3-16　纯电动工作模式

2）车辆超车、高速及重载行驶时，发动机运转，车辆由电机和发动机共同驱动，为混合动力工作模式，如图 3-17 所示。

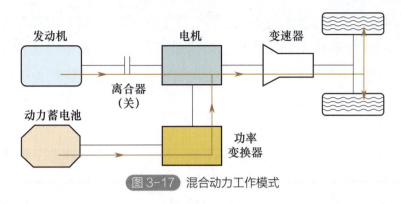

图 3-17　混合动力工作模式

3）在车辆行驶过程中，当车载动力蓄电池组电量过低时，发动机在驱动车辆行驶的同时向动力蓄电池充电，如图 3-18 所示。

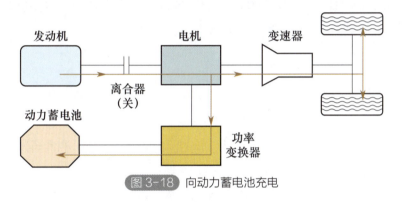

图 3-18　向动力蓄电池充电

4）车辆减速及制动时，电机以发电机模式工作，回收制动能量向动力蓄电池充电，如图 3-19 所示。

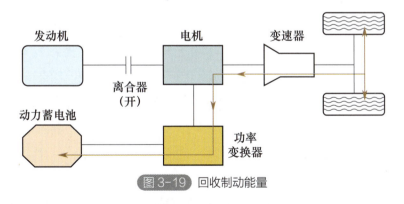

图 3-19　回收制动能量

3. 并联式混合动力驱动系统两种基本控制模式

（1）发动机辅助混合动力模式

这种模式主要利用电池－电机系统来驱动车辆，仅当车辆以较高的巡航速度行驶、爬坡和急加速时才使发动机起动。这种控制模式的优点是大多数情况下车辆都是用动力蓄电池的电能来工作，车辆的排放和燃油消耗较少，同时发动机的起动机可以取消而利用车辆运动的惯性力起动发动机。这种控制模式的缺点是，由于发动机每次关机期间，发动机和催化转化装置的温度降低而导致它们的效率降低，尾气排放增加。

（2）电机辅助混合动力模式

这种模式主要利用发动机来驱动车辆，电机只在两种状态下使用：一是用于瞬间加速和爬坡需要峰值功率时，可使发动机工作在最高效率区间，以降低排放和减少燃油消耗；二是在车辆减速制动时电机被用来回收车辆的制动动能对动力蓄电池进行充电。这种模式的主要缺点是车辆不具备纯电动模式，在行驶过程中若经常加速，电池的电能消耗到最低限度，则会失去电机辅助能力，驾驶人会感到车辆动力性能有所降低。

4. 并联式混合动力驱动系统的特点

1）发动机通过机械传动机构直接驱动汽车，无机械能－电能的转换损失，因此发动机输出能量的利用率相对较高。

2）当电机仅起功率调峰作用时，电机和发动机功率可适当减小，电池容量也可以减小。

3）在繁华的市区低速行驶时，可通过关停发动机以纯电动方式运行，以实现零排放。

4）发动机与电机并联驱动时，还需要动力复合装置，因此，并联式混合动力驱动系统的传动机构较为复杂。

5）并联式混合动力驱动系统与车轮之间直接机械连接，发动机的运行工况会受车辆行驶工况的影响，因此车辆在行驶工况频繁变化的情况下运行时，发动机有可能不在其最佳工作区域内运行，其油耗和排放指标可能不如串联式混合动力系统。

（三）混联式混合动力汽车

混联式混合动力汽车在发动机和电动机协同驱动汽车行驶的同时，发动机还带动发电机为电池充电，而不是像并联结构中单一电机需身兼二职。混合式动力汽车具有纯电、纯油、混合以及充电四种工作模式，如图3-20所示。

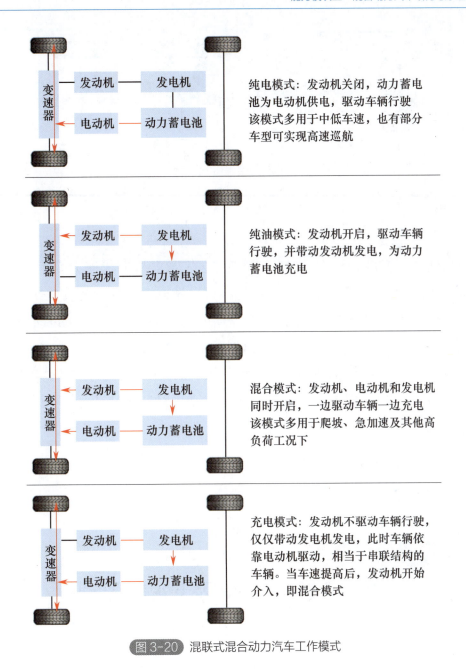

纯电模式：发动机关闭，动力蓄电池为电动机供电，驱动车辆行驶该模式多用于中低车速，也有部分车型可实现高速巡航

纯油模式：发动机开启，驱动车辆行驶，并带动发动机发电，为动力蓄电池充电

混合模式：发动机、电动机和发电机同时开启，一边驱动车辆一边充电该模式多用于爬坡、急加速及其他高负荷工况下

充电模式：发动机不驱动车辆行驶，仅仅带动发电机发电，此时车辆依靠电动机驱动，相当于串联结构的车辆。当车速提高后，发动机开始介入，即混合模式

图 3-20　混联式混合动力汽车工作模式

（四）电机位置介绍

P 加上阿拉伯数字组合（P 就是 Position 的意思）用来描述电动机的具体位置，一共有 P0、P1、P2、P2.5、P3、P4 六种结构混联式混合动力系统，如图 3-21 所示。

P0 表示电机在发动机前端，通过传动带和曲轴连接，BSG 48V 轻混通常是这种类型；P1 表示电机集成在发动机和变速器，取代曲轴末端的飞轮，奔

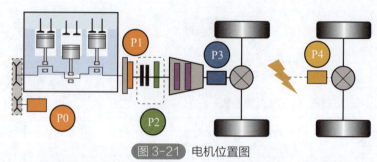

图 3-21 电机位置图

注：P 指的是电机位置，P2.5 是介于 P2 和 P3 之间。P2.5 电机架构一般是基于双离合变速器（DCT）
出现，由于双离合变速器是需要在两根输入轴之间进行切换，于是就可以将电机集成在其中一
根轴上，一般选择偶数档位的轴

驰 M254/256 的 ISG 轻混车是这种类型；P2 表示电机取代液力变矩器，在 P1
功能的基础上还增加了独立电驱的功能，可以做成插混车，德系 PHEV 基本都
是这种类型；P3 布局则表示电机在变速器的输出端，相比 P2 可以跳过变速器
直接通过一组减速器驱动半轴，比亚迪的 DM-Power 就是这种类型；P4 是前
桥用纯燃油驱动，后桥单独用电机驱动，沃尔沃 T8 就是这种类型。丰田 THS、
本田 i-MMD、比亚迪 DM-i 等则是另一种混动思路，其最显著的特征是取消了
独立变速器。

典型工作任务

任务

车辆基本信息及安全检查作业

一、任务导入

1. 任务描述

随着人们环保意识的日益提高，新能源汽车逐渐成为消费者购买的首选。
比亚迪·秦 PLUS DM-i 作为一款超级混动车型，其优异的动力表现、宽敞的
空间、精细的内饰做工和优质的材料选择赢得了市场广泛的好评。比亚迪·秦
PLUS DM-i 采用了一种名为"超级混动"的技术，该技术可以将电动汽车的节
能优势与混合动力车型的动力优势相结合，从而实现更高效的能源利用。在纯

电动模式下，比亚迪·秦 PLUS DM-i 可以行驶 100km 以上，而在混合动力模式下，其综合续驶里程达到了 1300km。现需要对该车型进行车辆基本信息及安全检查作业。

2. 任务分析

私家车保有量越来越多，这使得道路交通安全成为一个问题。而对于车辆本身而言，只有车辆符合安全规范，其安全性才能够得以提升。因此绝不能忽视车辆安全检查。车辆安全检查内容有哪些？在日常生活中，我们该如何对车辆进行安全检查呢？下面一起来了解一下车辆安全日常检查内容。

二、任务资讯

为保障车辆安全、可靠地运行，要使车辆经常处于良好的技术状况，符合机动车安全运行技术标准。除应对车辆进行定期的检修维护外，还应结合进行预防性的日常检查维护。由驾驶人在出车前、行驶途中、收车后三个阶段进行，重点是清洁、检查和补给燃润料。当车辆准备长途行驶或首次驾驶该车时，尤为需要进行出车前的检查工作，做到掌握车辆技术状况和熟悉车辆各操纵装置。

三、任务组织

1. 实施准备

（1）作业规范

在检查维修带有高电压的新能源汽车前，务必规范执行高压电的断电和检验操作，避免因意外造成高压触电。在进行高压系统断电前，须做好场地布置、绝缘用品准备、断开低压电源等工作。

（2）场地布置

作业前，应进行现场环境检查，检查绝缘垫，设立隔离柱，布置警戒线，张贴警示牌，以警示相关人员，避免无关人员进入发生安全事故。

（3）准备绝缘用品

新能源汽车维修人员必须检查并穿戴必要的安全防护用品，如绝缘手套、绝缘鞋、护目镜、安全帽等。同时，新能源汽车维修中进行高压部件的拆装时需要使用绝缘工具，确保操作人员人身安全。

2. 制订计划

计划表

1. 作业计划

序号	作业项目	操作要点	注意事项
1			
2			
3			
4			
5			
6			
7			

2. 设备清单

序号	设备名称	用途	规格型号	数量
1				
2				
3				
4				
5				
6				

3. 其他材料清单

序号	材料名称	用途	规格型号	数量
1				
2				
3				
4				

审核	小组审核意见 组长签名： 年 月 日 教师审核意见 教师签名： 年 月 日

四、任务实施

1. 检查车身外观状况，记录车辆相关信息

车身外观状况			
车辆型号			
车辆识别代码			
电机型号			
电池容量		工作电压	
车身状况			

2. 仪表信息（图 3-22）

图 3-22　仪表信息

图标	含义

3. 油液液位检查

制动液液位	偏高□ 正常□ 偏低□	电机冷却液液位	偏高□ 正常□ 偏低□
电池冷却液液位	偏高□ 正常□ 偏低□	PTC 加热补偿水桶液位	偏高□ 正常□ 偏低□

检查冷却系统软管安装、连接情况及有无裂纹、损伤和泄漏。

4. 检查作业

1）检查高压电控总成是否变形：□是　□否

2）检查高低压线束或者插接件是否松动：□是　□否

3）测量并记录低压电源系统电压（静态），_____V。正常情况下，汽车启动前的蓄电池电压在_____之间，启动后的蓄电池电压在_____之间，只要启动时的电压不低于_____，就算是正常电压。

5. 检查空调系统功能（图 3-23）

项目	结果
启动车辆，打开鼓风机，观察鼓风机是否工作	正常□ 异常□
鼓风机风速调节	正常□ 异常□
通风装置的风向切换功能	正常□ 异常□
空调模式切换	正常□ 异常□
空调制冷时冷却风扇的运转情况	正常□ 异常□

图 3-23　检查空调系统功能

任 务 评 价

车辆基本信息及安全检查作业			姓名:	
日期:	班级:	学号:		
自我评价:□熟练 　　　　□不熟练	组长评价:□熟练　□不熟练		教师签名:	
教师评价:□优秀　□良好　□合格　□不合格				

车辆基本信息及安全检查作业评分细则

序号	评分项	得分条件	分值	评分要求	自我评价	组长评价	教师评价
1	安全/7S/态度	□1. 能接受任务并完成任务 □2. 能进行设备和工具安全检查 □3. 能进行车辆安全防护操作 □4. 能进行人员高压安全防护操作 □5. 能进行三不落地操作 □6. 能进行团队合作作业 □7. 能进行工位 7S 操作 □8. 能进行有效沟通	20	未完成1项扣3分,扣分不得超过20分	□能做到 □做不到	□能做到 □做不到	□优秀 □良好 □合格 □不合格
2	专业技能	□1. 能正确检查车辆基本状态 □2. 能正确检查无钥匙进入模块故障现象 □3. 能正确读取故障码及数据流信息 □4. 能正确分析故障原因 □5. 能正确制定诊断检测流程 □6. 能正确使用检测设备 □7. 能正确找到故障点 □8. 能正确分析故障机理 □9. 能合理提出维修建议	40	未完成1项扣5分,扣分不得超过40分	□熟练 □不熟练	□熟练 □不熟练	□优秀 □良好 □合格 □不合格
3	工具及设备使用能力	□1. 能正确使用维修工具 □2. 能正确使用充电装置 □3. 能正确使用万用表、诊断仪、示波器等诊断设备 □4. 能正确使用专用工具	5	未完成1项扣3分,扣分不得超过5分	□熟练 □不熟练	□熟练 □不熟练	□优秀 □良好 □合格 □不合格

（续）

序号	评分项	得分条件	分值	评分要求	自我评价	组长评价	教师评价
4	资料、信息查询能力	□ 1. 能正确查询车辆信息 □ 2. 能正确使用维修手册查询资料 □ 3. 能正确记录所查询资料的章节及页码 □ 4. 能正确记录检查状态信息	10	未完成1项扣3分，扣分不得超过10分	□熟练 □不熟练	□熟练 □不熟练	□优秀 □良好 □合格 □不合格
5	数据判断和分析能力	□ 1. 能判断无钥匙进入模块故障仪表状态 □ 2. 能判断仪表指示灯状态 □ 3. 能判断故障码 □ 4. 能判断数据流 □ 5. 能分析诊断仪器检测结果	10	未完成1项扣2分，扣分不得超过10分	□能做到 □做不到	□能做到 □做不到	□优秀 □良好 □合格 □不合格
6	表单填写及撰写能力	□ 1. 字迹清晰 □ 2. 语句通顺 □ 3. 无错别字 □ 4. 无涂改 □ 5. 无抄袭	5	未完成1项扣1分，扣分不得超过5分	□熟练 □不熟练	□熟练 □不熟练	□优秀 □良好 □合格 □不合格
7	素养	□ 1. 注重团队合作 □ 2. 注意安全防护 □ 3. 注意保护实训设备 □ 4. 做到三不伤害 □ 5. 保护环境	10	未完成1项扣2分，扣分不得超过10分	□能做到 □做不到	□能做到 □做不到	□优秀 □良好 □合格 □不合格

否决项：1. 操作过程产生高压危险或设备损坏；2. 操作人员或其他人员受伤；3. 隐瞒车辆故障或其他安全隐患

总分：_____

_____

_____

_____

_____

Module 04

能力模块四
纯电动汽车基本构造与原理的认知

本模块将基于纯电动汽车高压断电流程、高压互锁的检测两大典型工作任务来学习纯电动汽车的基本结构组成、工作原理、高压安全设计三方面的知识。

能力目标

知识目标

- 了解纯电动汽车高压部件。
- 掌握纯电动汽车的工作原理。
- 了解纯电动汽车的结构特点。
- 了解新能源汽车的高压安全设计。

技能目标

- 能完成高压断电前的准备工作。
- 能描述并执行高压断电操作流程，按要求完成高压断电和检验操作任务。
- 结合学校实训室实际情况，认识新能源汽车上的高压安全设计。
- 结合学校实训室实际情况，在实训车辆或台架上认识纯电动汽车高压部件。
- 做高压部件维护时，能进行正确、安全的操作。

素养目标

- 树立高压安全防护意识。
- 培养良好的职业道德和工匠精神。
- 培养自我管理和自主学习能力。

一、纯电动汽车基本结构组成

纯电动汽车主要包括电力驱动及控制系统、驱动力传动等机械系统、完成既定任务的工作装置等。电力驱动及控制系统是电动汽车的核心，也是区别于内燃机汽车的最大不同点。电力驱动及控制系统由驱动电动机、电源和电动机的调速控制装置等组成。电动汽车的其他装置基本与内燃机汽车相同。

（一）纯电动汽车的特点

1. 纯电动汽车的定义

纯电动汽车是指以车载电源为动力，用电机驱动车轮行驶，符合道路交通安全法规各项要求的车辆。纯电动汽车（Battery Electric Vehicle，BEV）是完全由可充电电池（如铅蓄电池、镍镉电池、镍氢电池或锂离子电池）提供动力源的汽车，它的组成包括：电力驱动及控制系统、驱动力传动等机械系统、完成既定任务的工作装置等，纯电动车型代表为比亚迪海豹，如图 4-1 所示。

图 4-1　比亚迪海豹

2. 纯电动汽车的优缺点

①零排放，纯电动汽车使用电能，行驶过程中不排放废气，对环境无污染。②能效高，纯电动汽车的能效已经超过燃油汽车，特别是在城市中行驶，拥堵缓慢行驶工况多，纯电动汽车更适合。在制动过程中，驱动电机可自动转换为发电机，实现制动和减速过程中的能量回收。③结构简单，由于采用单一的电能来源，减少了发动机、离合器、多档变速器、油箱、冷却和排气系统，结构相对简单。④低噪声，纯电动车没有发动机产生的噪声，驱动电机的噪声也比发动机小。⑤节能，纯电动汽车的应用可以有效降低对石油资源的依赖。

充电到动力蓄电池的电能可以从水电、核电、太阳能、风能、潮汐能等新能源转化。此外，如果动力蓄电池在夜间充电，还可以避免用电高峰，有利于平衡电网负荷，降低用车成本。

与燃油汽车相比，纯电动汽车具有以下优势。典型车型零跑 C11 如图 4-2 所示。

图 4-2　零跑 C11

与燃油汽车相比，纯电动汽车有以下缺点：

①续驶里程比较短，目前纯电动汽车还存在动力蓄电池寿命短、使用成本高、储能小、续驶里程短，充电不够便捷等问题。②成本高，目前纯电动汽车主要使用锂离子电池，价格昂贵。③安全性，锂离子电池的安全性有待进一步提高。④充电时间长，一般交流慢充时间为 6~8h，直流快充时间为 30min 左右，但频繁的直流快充对动力蓄电池的寿命影响较大。⑤配套设施不完善，还需要配套基础设施建设。随着电动汽车技术的突破，特别是动力蓄电池容量和循环寿命的提高，以及价格的降低和基础设施的完善，纯电动汽车的推广和使用必将有很大的发展。阿维塔 11 充电桩如图 4-3 所示。

图 4-3　阿维塔 11 充电桩

（二）纯电动汽车的总体结构

1. 纯电动汽车构造

　　纯电动汽车由车载电源、电池组管理系统、电源辅助设施、电动机、控制器、底盘、车身等七部分组成，沿用传统的汽车构造划分方式，也可将纯电动汽车分成电机、底盘、车身和电气四部分，如图 4-4 所示，整车架构如图 4-5 所示。

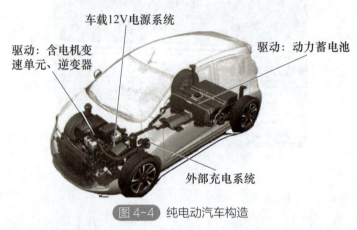

车载12V电源系统
驱动：含电机变速单元、逆变器
驱动：动力蓄电池
外部充电系统

图 4-4　纯电动汽车构造

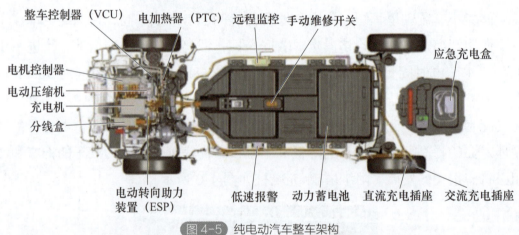

整车控制器（VCU）　电加热器（PTC）　远程监控　手动维修开关
电机控制器
电动压缩机
充电机
分线盒
应急充电盒
电动转向助力装置（ESP）　低速报警　动力蓄电池　直流充电插座　交流充电插座

图 4-5　纯电动汽车整车架构

　　（1）含电机变速单元、逆变器

　　变速单元是纯电动汽车的动力输出部分，内部主要包括电机和减速齿轮机构。如果是前驱的车辆，该系统部件通常安装在前机舱内。电机是纯电动汽车的动力装置。它是根据电磁感应原理实现电能转换的电磁装置，在电路中用字母 M 表示。它的主要作用是产生旋转运动，作为用电设备或各种机械的动力源。逆变器是变速单元的主控部件，通常位于电机变速单元的上部。

（2）发电机

发电机的主要作用是将机械能转化为电能，它在电路中用字母 G 表示。

（3）冷却系统

冷却系统一般由散热器、水泵、风扇、节温器、冷却液温度表等组成。纯电动汽车电机有两种冷却方式，即空气冷却和水冷却。水冷却方式应用较为广泛。

（4）传动系统

由于电机具有良好的驱动特性，因此纯电动汽车的传动系统可不配置离合器和变速器。控制器通过调速系统改变电机的转速，即可实现车速控制。

（5）行驶系统

行驶系统与传统燃油汽车类似，主要包括车架、车桥、车轮和悬架等。

（6）转向系统

纯电动汽车的转向系统包括转向操纵机构、转向器、转向传动机构等，具体包括转向盘、转向器、转向节、转向横拉杆、直拉杆等。纯电动汽车转向系统多采用电动转向助力装置。

（7）制动系统

制动系统是纯电动汽车装备的全部制动和减速系统的总称，它的作用是使行驶中的纯电动汽车降低速度或停止行驶，或使已停止行驶的纯电动汽车保持不动。制动系统包括制动器、制动传动装置。现代纯电动汽车制动系统中，防抱死制动系统（ABS）已经成为标配。与燃油汽车相似，纯电动汽车的制动系统也由行车制动和驻车制动两套装置组成。

（8）电气设备

纯电动汽车电气设备主要由动力蓄电池组、外部充电系统、辅助电源（车载 12V 电源系统）、发电机、照明灯具、仪表、音响装置、刮水器等组成。

2. 车身底盘一体化技术

现阶段主流的车身一体化技术有以下几种：CTM、CTP、CTC、CTB。其中 C 代表单体（Cell），T 是英文 To 的缩写，M 代表模组（Module），P 代表电池包（Pack），C 代表底盘（Chassis），B 代表车身（Body）。

以上都是电池的集成技术，最为主流的电池集成方式是 CTM，是先将单体蓄电池组装成模组，然后将模组封装，再组成一个电池包。这种技术相对成熟可靠，电池也能得到不错的保护，因此被广泛使用。不过，由于采用大量的封装件和连接件，导致电池包内部空间非常紧凑，想要放置更多的电池，就必须在空间利用率方面下更多的工夫。因此，就有了空间利用率更高的 CTP 技术。CTP 技术取消了模组的概念，用单体蓄电池直接组成动力蓄电池，例如比亚迪在纯电动车型上采用的容量型刀片电池，一个刀片就是一个单体，一个单体就是传统 CTM 技术上的一个模组，因此刀片电池和电池包空间利用率大幅提高。类似的技术，还有宁德时代的 CTP3.0 技术（麒麟电池），同样可以有效提高动力蓄电池内部的空间利用率，由于减少了结构件和连接件，因此对电池包本身的抗冲击能力提出了更高的要求。CTM 和 CTP 技术如图 4-6 所示。

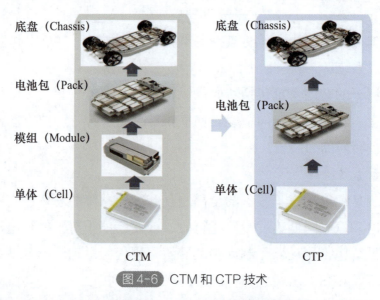

图 4-6 CTM 和 CTP 技术

CTC 和 CTB 是两种类似的技术。CTC 的理念就是将电池集成在底盘部分，再装备到车身上，将电池包作为车身框架结构的一部分，增加空间利用率，代表车企是特斯拉和零跑汽车。而以比亚迪海豹系列为代表的 CTB 技术，则是把单体蓄电池直接集成在车身上，集成化的车身地板和电池上盖，与 CTC 技术大致相同。这两种技术理念非常相似，都能进一步提高空间能量密度。但是不同车企的技术路线会有一些差别，有些电池是从下往上拖上去，而有一些是来组成车身本身地板的。根据车型不同，它们的技术路线也会有更多的差别，不过这样的集中化趋势势必会提高整个电池包的维修和更换的成本，只能将整个电池包拆掉换上新的。CTC 技术和 CTB 技术应用示例分别如图 4-7 和图 4-8所示。

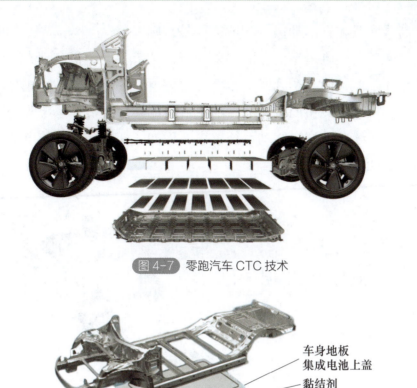

图 4-7　零跑汽车 CTC 技术

车身地板
集成电池上盖
黏结剂
单体蓄电池
黏结剂
托盘

图 4-8　比亚迪 CTB 技术

二、纯电动汽车的工作原理

纯电动汽车综合了不同的高压控制单元，用电机取代了传统汽车的内燃机，电力驱动及控制系统是其技术核心。高压控制系统将动力蓄电池的电能合理有效地输送到驱动电机，使得其各种工况下的行驶状态达到传统内燃机汽车的效果。那么纯电动汽车的工作原理是怎样的呢？它又有多少种驱动方式呢？

（一）纯电动汽车的工作原理

纯电动汽车驱动系统能够将动力蓄电池输出的电能转换为车轮上的机械能，驱动电动汽车行驶，并能够在汽车减速制动时，将车轮的动能转化为电能充入动力蓄电池。以驾驶人的操作（主要是以加速踏板位置的操作）为输入，经过驱动系统电子控制器的变换后，输出转矩给定值提供给电机逆变器，电机逆变器控制驱动电机的输出转矩，从而使电动汽车以驾驶人期望的状态行驶。

若电子控制器同时收到制动信号和加速信号，则以制动信号优先。其中，最关键的是电机逆变器。电机逆变器的主要功能是调节驱动电机和动力蓄电池之间的电流频率和幅值，使其达到匹配，将动力蓄电池的直流电逆变成交流电提供给驱动电机，将电能转换成机械能，电机输出的转矩经传动系统驱动车轮，使电动汽车行驶。纯电动汽车驱动系统工作原理如图4-9所示。纯电动汽车驱动模式如图4-10所示。

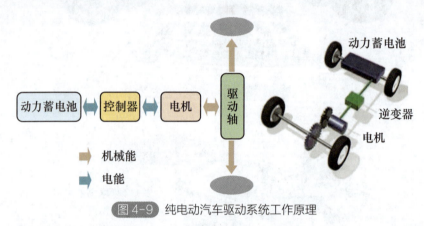

图 4-9 纯电动汽车驱动系统工作原理

起步加速	巡航行驶	加速或爬坡行驶	滑行或下坡	停车充电
电机低速大转矩启动	电机以恒功率行驶	电机以最大功率加速以最大转矩爬坡	电机作为发电机回收反馈能量	动力蓄电池组充电
充电器 储能式电源 ↓ DC/DC模块 ↓ 驱动电机 ⇓ 驱动轮 ◎	充电器 储能式电源 ↓ DC/DC模块 ↓ 驱动电机 ⇓ 驱动轮 ◎	充电器 储能式电源 ↓ DC/DC模块 ↓ 驱动电机 ⇓ 驱动轮 ◎	充电器 储能式电源 ↑ DC/DC模块 ↑ 驱动电机 ⇓ 驱动轮 ◎	充电器 储能式电源 ↑ DC/DC模块 ↑ 驱动电机 驱动轮 ◎

电力传送 ↑↓ ← → 动力传递 ⇑⇓ ⇐⇒

图 4-10 纯电动汽车驱动模式

（二）纯电动汽车驱动系统的布置形式

由于纯电动汽车是单纯用动力蓄电池作为驱动能源的汽车，即存在能量不富余等特点。采用合理的驱动系统布置形式来充分发挥电机驱动的优势是尤其重要的。纯电动汽车驱动系统布置的原则是：符合车辆动力学对汽车重心位置的要求，并尽可能降低车辆质心高度。特别是对于采用轮毂电机驱动实现"零传动"方式的纯电动汽车，不仅去掉了发动机、冷却系统、排气消声系统和油箱等相应的辅助装置，还省去了变速器、驱动桥及所有传动链，既减轻了汽车自重，也留出了许多空间，因此车辆的整个结构布局需重新设计并全面考虑各种因素。

电动汽车的驱动结构布局目前主要有四种基本典型结构，即传统的驱动方式、电机 - 驱动桥组合式驱动方式、电机 - 驱动桥整体式驱动方式、轮毂电机分散驱动方式。下面就对前述的四种典型结构分别给予说明，如图 4-11 所示。

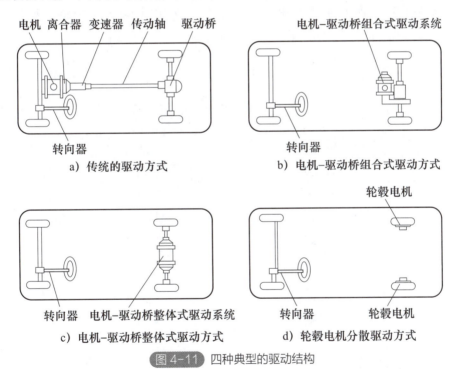

a）传统的驱动方式　　　　b）电机-驱动桥组合式驱动方式

c）电机-驱动桥整体式驱动方式　　　　d）轮毂电机分散驱动方式

图 4-11　四种典型的驱动结构

1. 传统驱动模式

传统驱动模式是从传统汽车的驱动模式演变而成，即由电机替代发动机，仍采用内燃机汽车的传动系统，包括离合器、变速器、传动轴和驱动桥等总成。与传统汽车类似，也有电机前置、驱动桥前置（FF）和电机前置、驱动桥后置（FR）等各种驱动模式。其结构复杂，效率低，无法充分发挥电机驱动的优势。

2. 电机 – 驱动桥组合式驱动方式

这种方式在电机端盖的输出轴处加装减速齿轮和差速器，电动机、减速器、驱动桥的轴互相平行，一起组合成一个驱动整体。它通过固定速比的减速器来放大电机的输出转矩，但没有可选的变速档位，也就省掉了离合器。这种机械传动机构紧凑，传动效率较高，便于安装。但对电机的调速要求较高。它具有良好的通用性和互换性，便于在现有的汽车底盘上安装，使用、维修也较方便。

3. 电机 – 驱动桥整体式驱动方式

图 4–12 所示为电机 – 驱动桥整体式驱动方式，可分为同轴式和双联式两种。同轴式驱动系统的电机轴是一种特殊制造的空心轴，在电机左端输出轴处的装置有减速齿轮和差速器，再由差速器带动左右半轴，左半轴直接带动，而右半轴通过电机的空心轴来带动，其具体结构如图 4–13 所示。

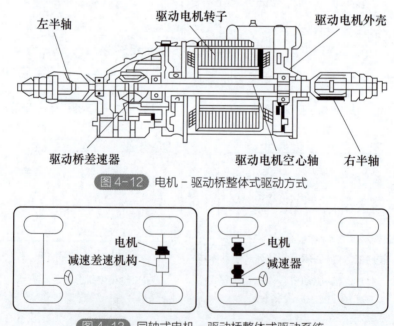

驱动电机转子

左半轴　　　　　　　　　　　　　　　驱动电机外壳

驱动桥差速器　　　　驱动电机空心轴　　　右半轴

图 4–12　电机 – 驱动桥整体式驱动方式

电机
减速差速机构

电机
减速器

图 4–13　同轴式电机 – 驱动桥整体式驱动系统

双联式驱动系统由左、右两台永磁电机直接通过半轴带动车轮。左、右两台电机由中间的电控差速器控制，其具体结构如图 4–14 所示。每个驱动电机的转速可以独立地调节控制，便于实现电子差速，不必选用机械差速器。

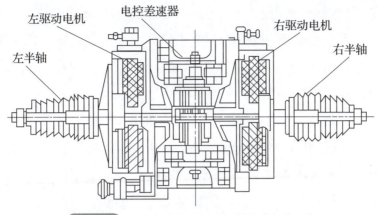

图 4-14　双联电动机 - 驱动桥整体式驱动系统

4. 轮毂电机分散驱动方式

轮毂电机直接装在车轮里，它主要有两种结构。

（1）内定子外转子结构

内定子外转子轮毂电机分散驱动式驱动系统布置形式采用低速内定子外转子电机，其外转子直接安装在车轮的轮缘上，可完全去掉变速装置，驱动电机转速和车轮转速相等，车轮转速和车速控制完全取决于驱动电机的转速控制。由于不通过机械减速，通常要求驱动电机为低速大转矩电机。内定子外转子电机（图 4-15）结构简单，无需齿轮减速传动机构，但其体积大、质量大、成本高。

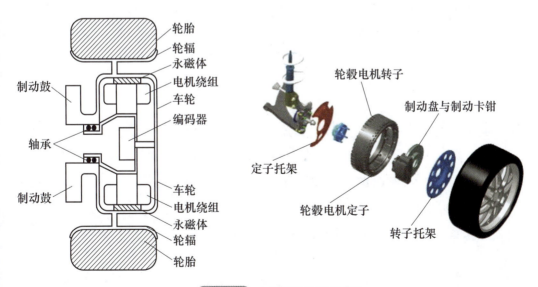

图 4-15　内定子外转子电动轮

（2）内转子外定子结构

内转子外定子轮毂电机分散驱动式驱动系统布置形式采用内转子外定子电机，如图4-16所示，其转子作为输出轴与固定减速比的行星齿轮变速器的太阳轮相连，而车轮轮毂通常与其齿圈连接，它能提供较大的减速比，来放大其输出转矩。驱动电机装在车轮内，形成轮毂电机，可进一步缩短从驱动电机到驱动轮的传递路径；采用高转速内转子电机（转速高达10000r/min），需装固定速比减速器来降低车速，一般采用高减速比行星齿轮减速装置，安装在电机输出轴和车轮轮缘之间，且输入轴和输出轴可布置在同一条轴线上。高速内转子电机具有体积小、质量轻和成本低的优点，但它需要加行星齿轮减速机构。

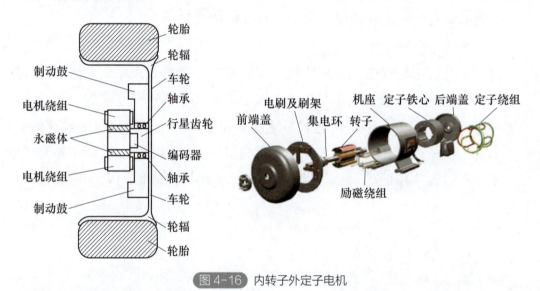

图4-16 内转子外定子电机

三、高压安全设计

新能源汽车与传统汽车相比，结构上增加了高压系统，高压零部件包括动力蓄电池、驱动电机、高压配电箱、车载充电机、电动压缩机、PTC加热器等，部件之间通过高压线束连接，组成了整车的高压系统。高压系统对用电设备的安全运行及维修提出了更高的要求。为保障新能源汽车的安全稳定运行，降低故障发生概率，新能源汽车上有不少高压安全设计。

1. 高压维修开关

为了确保维修人员在对电动汽车进行操作时没有触电危险，大多数车辆在系统上设计了高压维修开关，用于在紧急情况下或者在车辆维修时断开高压电。当断开高压维修开关时，动力蓄电池的输出立即中断。在断开动力蓄电池输出后，需要等 5min 后才能接触高压部件。

图 4-17　高压维修开关

高压维修开关在电动汽车的安装位置较多，包括设置位于车厢中部扶手箱内或车厢后部的扶手箱、储物箱内、动力蓄电池总成上方等。因车型不同，需按照车辆维修手册提示进行查找，如图 4-17 所示。

2. 高压互锁

高压互锁是高压互锁回路的简称。高压互锁是指用低压信号监视高压回路完整性的一种安全设计方法，通过使用低压信号来检查电动汽车上所有与高压线束相连的各组件，检测各个高压系统回路的电气连接完整性（连续性），如图 4-18 所示。

图 4-18　高压互锁

高压互锁主要是用来保证高压系统安全，主要有 3 个作用：

1）用来检测高压回路松动（会导致高压断电，整车失去动力，影响乘车安全）并在高压断电之前给整车控制器提供报警信息，预留整车系统采取应对措施的时间。

2）在车辆上电行车之前发挥作用，若检测到电路不完整，则系统无法上电，避免因为虚接等问题造成事故。

3）防止人为误操作引发的安全事故。在高压系统工作过程中，如果没有高压互锁设计存在，那么手动断开高压连接点的瞬间，整个回路电压就会加在断点两端。电压会击穿空气在两个器件之间拉弧，时间虽短，但能量很高，可能对断点周围的人员和设备造成伤害。

高压互锁监测电路分为两种形式：一种是把所有高压部件的互锁连接端子

串联起来组成一个完整的监测电路；另一种是每个高压部件控制器负责监测各自的互锁信号，只有全部控制器接收到互锁信号时，才被允许上高压电。

3. 碰撞保护

在纯电动汽车的碰撞事故中，动力蓄电池受到撞击和挤压引起变形，电池单体有可能发生热失控起火；电池包内部其他部件在碰撞中也可能会受到挤压和冲击，有发生短路甚至起火爆炸的危险；电池包内部高压线缆和高压器件在碰撞时容易被刮破或者扯断，有可能短路起火，也有可能造成电击伤害。

新能源汽车除了传统燃油汽车的保护需求之外，还应当满足以下要求：

1）碰撞过程中避免乘员和行人遭受触电风险。

2）碰撞过程中在保证人员安全的情况下，尽量保护关键零部件不受损害。

3）碰撞后保证维修和救援人员没有触电风险，自动切断高压电路。

因此，新能源汽车发生碰撞时，碰撞保护系统会检测到碰撞信号大于一定阈值，即切断高压系统主回路的电气连接，同时通知电机控制器激活主动泄放，从而可使发生碰撞时的短路危险、人员电击危险降到最低。

碰撞保护系统中设有惯性开关电路，将惯性开关串联到高压接触器的供电回路中，当发生碰撞时惯性开关断开，从而切断高压接触器的供电电源，此时动力蓄电池的高压输出便会被"物理性"断开，保证了乘员、行人、维修和救援人员的高压安全。

4. 高电压自放电

电机控制器中含有主动泄放回路，当检测到车辆发生较大碰撞、高压回路中某处插接器出现拔开状态或高压电控产品存在开盖情况时，主动放电回路会在 5s 内把预充电容电压降低到 60V 以下，迅速释放危险电能，尽可能保证人员安全。

在高压电路内设计有主动泄放回路的同时，电机控制器、空调驱动控制器等内部含有高压的高压电控部件同时设计有被动泄放回路，可在 2min 内把预充电容电压降到 60V 以下，被动泄放作为主动泄放失效的二重保护。

5. 短路保护电路

短路保护通常使用熔断器对电路进行保护，与传统燃油汽车相比，电动汽车涉及高压电，熔断器的规格相对更高，如 80A、100A 等。熔断器主要是为了保护其他元件不会因过热而烧坏，通过熔断器的断路达到断电、保护电路的目的，如图 4-19 所示。

6. 漏电保护

很多电动汽车具有内部控制漏电保护功能。当出现漏电时，高压控制总成或高压配电箱中的相应传感器将信号反馈给动力蓄电池管理系统，动力蓄电池管理系统可立即作出反应，进行动力蓄电池母线自动断电、高压释放（高压释

图 4-19　短路保护电路

放是指高压的电控产品存在异常问题时，在几秒内将高压降到一定电压以下），以保证人身安全。

7. 开盖检测保护

部分电动汽车的重要高压电控部件具有开盖检测保护功能。在高压部件的盖子上设立开盖检测开关（低压），在检测开关打开（盖子被打开）时，高压控制系统（整车控制器、动力蓄电池管理模块）切断高电压，立即进行报警，同时断开高压主回路电气连接并激活主动泄放，如图 4-20 所示。

图 4-20　开盖检测保护

8. 绝缘监控电路

为保证人员免遭触电风险，高压系统应当设置绝缘电阻对电路进行监控，若绝缘电阻过小时，整车电路应当发出接触器断开指令。

四、纯电动汽车空调系统结构与控制技术

1. 燃油汽车和纯电动汽车空调系统的区别

电动汽车没有发动机的余热可以利用或不能完全利用发动机的余热，需采用热泵型空调系统或辅助加热器；电动空调压缩机可以由电机直接驱动，但对压缩机转速和密封性的要求较高。电动汽车与燃油汽车在系统构成上存在差别，不同类型的电动汽车又有不同的特点。纯电动汽车没有发动机作为空调压缩机的动力源，也没有发动机余热可以利用以达到取暖、除霜的效果。燃料电

池电动汽车也没有发动机作为空调压缩机的动力源，但是燃料电池发动机可以产生比较稳定的余热。对于混合动力电动汽车来说，发动机由其控制策略决定，不能随时作为制冷压缩机的动力源。

相比燃油汽车空调系统，电动空调系统在环境保护、前舱结构布置以及车厢舒适性等各项性能指标上均有优势，其主要优点如下：

1）电驱动压缩机空调系统可以采用全封闭的 HFC134a 系统及制冷剂回收技术，整体的高度密封性可以减小修理维护时制冷剂的泄漏损失，从而减少了对环境的污染。

2）纯电动汽车电动空调的压缩机靠电机驱动，因此可以通过精确的控制以及在常见热负荷工况下的高效率运行来降低空调系统的能耗，从而提高整车的经济性。

3）采用电驱动，噪声较低，可靠性高，使用寿命长，故障率低。对于一体式电动压缩机，取消了发动机与压缩机之间的传动带，没有了张紧件的质量，减轻了整车的重量。

4）可以在上车之前预先遥控启动电动空调，对纯电动汽车车厢内的空气进行预先调节，相比传统空调可提高乘客的舒适性。

2. 电动汽车空调的类型与结构

汽车空调对车厢内部空气的调节首要是调节空气的温度，如通过制冷来降低空气温度。根据电动汽车的特点，目前可以选择的制冷空气调节方式主要有热电式制冷、电动压缩机制冷、余热制冷。其中余热制冷可以考虑在燃料电池电动汽车上采用。

（1）电动压缩机制冷空调系统

对于电动汽车及其他拥有高压电源的汽车来说，均可以采用电动压缩机制冷空调系统。该系统的基本原理为，动力蓄电池组的直流电经逆变器为空调电机供电，空调电机带动压缩机旋转，从而形成制冷循环，产生制冷效果。电动压缩机制冷空调系统相对于燃油汽车空调系统的改变量最小，在结构上只是压缩机驱动动力源由发动机变为电机。电动压缩机制冷空调系统如图 4-21 所示。

（2）热泵型空调系统

热泵型空调控制系统是在原有燃油汽车上进行改进的，压缩机由永磁无刷直流电机直接驱动，系统的工作原理如图 4-22 所示。该系统与普通的热泵

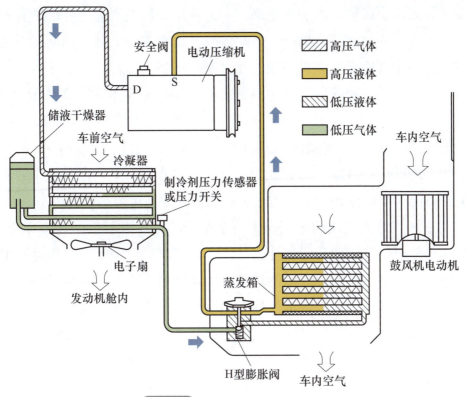

图 4-21 电动压缩机制冷空调系统

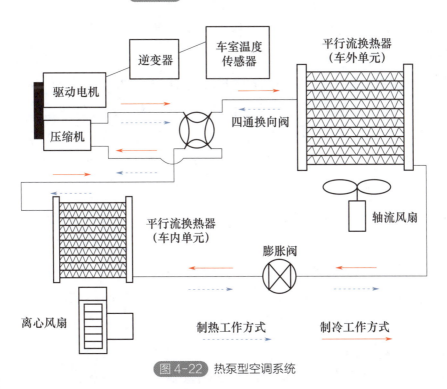

图 4-22 热泵型空调系统

空调系统并无本质区别。由于在电动汽车上使用，压缩机等主要部件有其特殊性。该技术最大的优点就是制冷、制热效率高，相关企业开发的全封闭电动涡旋压缩机由一个直流无刷电机驱动，通过制冷剂回气冷却，具有噪声低、振动小、结构紧凑、质量轻等优点。在测试条件为环境温度 40℃、车内温度 27℃、相对湿度 50% 的工况下，系统稳定时它能以 1kW 的能耗获得 2.9kW 的制冷量；当环境温度为 –10℃、车内温度 25℃ 时，以 1kW 的能耗可以获得 2.3kW 的制热量。在 –10~40℃ 的环境温度下，均能以较高的效率为电动汽车提供舒适的驾乘环境。若能在零部件技术上得到改进，相信效率还可以得到提高。

热泵空调与普通空调的区别在于热泵空调的工作原理是通过内部逆循环，让热量经过低温物体流向高温物体，从而达到降温。这个工作过程是利用消耗少量的逆循环功率，转化成大量的热量，以实现制冷效果，减少了耗电量。而普通空调则是通过压缩机吸入蒸发器发出的蒸汽，让低压变成高压，再将高压输送到冷凝器中，形成高压液体，最后通过节流阀送到蒸发器形成一个制冷循环。目前电动汽车热泵的类型主要是空气源热泵，是通过吸收空气中的热量，然后利用少量的电量来驱动压缩机将吸收的热量搬运至车内，以实现车内制热的效果。

这种制热方式与 PTC 相比，消耗的电量会小很多。据相关数据显示，热泵空调的效能比 PTC 热敏空调的要高出 2~3 倍，能有效延长汽车 20% 以上的续驶里程。比如使用 PTC 空调的车，开暖气 1h 续驶里程会少 50~80km；但如果是热泵空调的车，那么开暖气 1h 续驶里程可能只少 20~30km。

虽然热泵空调相比于 PTC 热敏空调确实能节省电量，但是也存在一些缺点，比如制热速度慢、成本高、低温制热效率低等，这些缺点制约了热泵技术在新能源汽车上的应用。

1）制热速度慢，热效率低：由于新能源汽车的热泵属于空气源热泵，空气中的热量又是分得很散的，分布无规律且不稳定，因此热泵的效率会受到影响，热泵空调需要花大量时间才能将热量搬运至车内。

2）成本过高，且结构复杂：热泵空调如果要实现制热功能，在结构上需要增加四通换向阀等更复杂的装置，会导致成本更高，因此在一些价格较低的车辆上并不搭载该配置。

3）低温制热效率低：新能源汽车的热泵属于空气源热泵，如果外面气温特别低，热量又分得特别散，那么热泵空调就要花大量时间才能将热量搬运至车内，这样它的制热效率就非常低。

（3）纯电动汽车空调制热的方式

空调有两种制热方式——PTC 加热器、热泵空调。PTC 本质上是电热丝，给电阻通电来发热，可加热空气或液体，新能源汽车 PTC 水加热器如图 4-23 所示。因为纯电动汽车由于没有发动机，无法利用发动机余热作为暖风空调热源，同时在低温情况下需要对电池包加热以提高低温续驶里程，所以新能源汽车采用 PTC 加热器为车内空调系统和电池加热系统提供热源，其整体结构由散热器（包含 PTC 加热包）、冷却液流道、主控板、高压连接器、低压连接器和上壳等组成。PTC 水加热器属于新能源汽车热管理系统的一部分，是一种使用 PTC 发热元件加热车辆冷却液的装置。它的主要作用是在低温环境下为车辆提供热能，使发动机、电机和电池等关键部件能够正常运行。PTC 发热元件是一种自恢复型热敏电阻元件，具有高效、稳定、可靠的特点。当电流通过 PTC 发热元件时，会产生热效应，从而使元件表面温度升高，达到加热冷却液的目的。与传统的电加热器相比，PTC 水加热器具有功率自调节、温度稳定等优点。在低温环境下，PTC 水加热器通过控制电流的大小来调节加热功率和温度，使车辆的冷却液保持在适宜的温度范围内，确保发动机、电机和电池等关键部件的正常运行。同时，PTC 水加热器的加热效率高，可以在较短的时间内将冷却液加热至适宜温度，缩短车辆的预热时间，提高行驶的舒适性和安全性。

PTC 水加热器测试项目主要包括电性能测试、EMC 测试和流体性能测试。

图 4-23　新能源汽车 PTC 水加热器

　　热泵空调的制冷原理和传统空调系统原理差不多，简单总结就是：在压缩机和膨胀阀的作用下，将车内热空气吹到散热器中降温。如果是制热过程，就是制冷剂的循环方向从车内冷凝器流向车外蒸发器（热交换器）。两种制热方式的优缺点：PTC 水加热器的优点是结构简单、体积小、制热速度快，缺点是费电；热泵空调的优点是耗电少、热效率高，缺点是结构复杂、体积大、制热速度稍慢，它还有一个很大的缺点，就是当室外温度太低时，就无法制热了。因此很多纯电动汽车将热泵和 PTC 结合起来使用，平时以热泵空调为主，当遇到极端天气时，用 PTC 水加热器。

典型工作任务

任务 01　执行纯电动汽车高压断电操作

一、任务导入

1. 任务描述

　　新能源汽车具有高电压，因此在维修新能源汽车前，必须先按照高电压操作规程执行高压系统的断电操作。断开系统高电压以后可以在一定程度上确保汽车高压系统不再具有高电压，从而保证维修作业人员的人身安全。

2. 任务分析

　　高压系统断电操作应注意以下 5 点：

　　1）高压维修开关在特殊情况下才可使用，如车辆维修、漏电报警等情况，在非特殊情况下不允许对维修开关进行操作。

　　2）高压维修开关的操作应由专业人员进行，至少操作人员应受过相关培训。

　　3）只有在车辆已被下电，以及高压部件电容已充分放电的情况下才能拆下维修开关。

　　4）操作时，操作人员必须穿戴必要的安全防护用品，如绝缘手套、绝缘鞋等，其耐压等级必须大于动力蓄电池组的最高电压。用前须检查其是否完好无损，确保安全。

5）拔下维修开关后，必须妥善保管，直至检修完毕，避免误操作。

二、任务资讯

不同品牌、不同型号的新能源汽车由于整车设计不同、系统集成度不同、功能要求不同等原因，其高压断电流程也略有不同。一些型号的新能源汽车，如吉利帝豪 EV450 没有装配手动维修开关。其高压系统带有高压互锁功能，断开某一高压系统的插接器，高压系统会自动断电。为安全起见，应断开动力蓄电池至车载充电机（集成高压分配盒）的直流母线，从而起到高压系统断电的目的。

三、任务组织

1. 实施准备

（1）作业规范

在维修带有高电压的新能源汽车前，务必规范执行高压电的断电和检验操作，避免因意外造成高压触电。在进行高压系统断电前，必须做好场地布置、绝缘用品准备、断开低压电源等工作。

（2）场地布置

作业前，应进行现场环境检查，检查绝缘垫，设立隔离柱，布置警戒线，张贴警示牌，以警示相关人员，避免无关人员进入作业场地发生安全事故。

（3）准备绝缘用品

新能源汽车维修人员必须检查并穿戴必要的安全防护用品，如绝缘手套、绝缘鞋、护目镜、安全帽等。同时，新能源汽车维修中进行高压部件的拆装时需要使用绝缘工具，确保操作人员人身安全。

1）所需各种防护用品准备：工位、隔离带、安全警告标志牌、车辆挡块、灭火器（水基型、干粉型）、绝缘杆、绝缘垫、绝缘工作台、棉线手套、绝缘手套、防静电手套、护目镜、安全帽、车外三件套、车内多件套、车间纸巾、洗手液、急救包、除颤仪等。

2）常用工具、设备准备：万用表、诊断仪、万用接线盒、绝缘工具套装。

3）资料准备：维修手册、电路图、其他资料。

2. 制订计划

计划表

1. 作业计划

序号	作业项目	操作要点	注意事项
1			
2			
3			
4			
5			
6			
7			

2. 设备清单

序号	设备名称	用途	规格型号	数量
1				
2				
3				
4				
5				
6				

3. 其他材料清单

序号	材料名称	用途	规格型号	数量
1				
2				
3				
4				

审核	小组审核意见 组长签名：　　年　月　日 教师审核意见 教师签名：　　年　月　日

四、任务实施

在做好个人安全防护、维修场地安全检查之后，按照准备流程，做好高压断电前的各项准备工作。

1. 高压断电流程

（1）关闭电源开关，钥匙放在安全处

1）关闭车辆点火开关，确认点火开关置于"LOCK"位置，将钥匙放到一个安全的区域，通常应该远离被维护的汽车。

2）用绝缘胶带封住所有充电口，防止车辆作业时被误充电，如图 4-24 所示。

图 4-24　用绝缘胶带封住所有充电口

（2）断开低压蓄电池负极线

断开蓄电池负极，切断低压控制系统，用绝缘胶布包好负极电缆接头，蓄电池负极桩头用盖子盖好或用绝缘胶布包好，防止在进行高压系统维修时误操作被接通导致高压上电，造成危险，如图 4-25 所示。

（3）断开维修开关并妥善保管

一般来说，新能源汽车设置有维修开关，断开维修开关并等待 5min 以上才可对新能源汽车进行维修。断开维修开关时需要穿戴好绝缘防护用品，断开维修开关（图 4-26）后，用盖子将接口封好或用绝缘胶布将维修开关接口封好。将拆下的维修开关妥善保存在口袋或工具箱中，防止其他人误将其安装回去。

图 4-25 用绝缘胶布包好负极电缆接头

图 4-26 断开维修开关

维修开关断开后，正常情况下整车的高压部件将不再具有高压，同时动力蓄电池的总输出正负极端口也不再有高压。需要注意的是即使维修开关断开，动力蓄电池内的电池及其连接电路仍然具有高压。

（4）断开动力蓄电池高压线束

穿戴好绝缘防护品，断开动力蓄电池高压线束（母线），如图 4-27 所示。

（5）高压验电、放电

断开动力蓄电池母线后，需要对动力蓄电池的母线进行验电，标准电压为小于 1V。如果母线有残余电荷，需用放电设备进行放电，确保动力蓄电池母线无电，如图 4-28 所示。

图 4-27　断开动力蓄电池高压线束

图 4-28　高压验电、放电

高压验电操作应注意以下 3 点：

1）在检验高电压端子期间，必须穿戴好个人安全防护用品。

2）验电时，必须用电压等级合适且合格的绝缘万用表。

3）验电后，如果仍有高电压，必须再次进行放电，在确保没有高压电的情况下再进行下一步操作。

维修新能源汽车时，虽然对电气设备进行了断电处理，但所维修高压部件可能存在残余电量。使用绝缘万用表对所维修部位进行电压测量，如果测量值大于零则应使用放电工装对该部位进行放电，确认电压为 0V 后方可进行下一步操作。

2. 任务记录工单

任务单	纯电动汽车高压断电操作	班级
		姓名

1. 车辆信息记录

品牌		整车型号		生产年月	
电机型号		动力蓄电池容量		行驶里程	
车辆识别代码					

2. 高压断电流程

步骤	操作项目	完成情况	结果分析
1			
2			
3			
4			
5			
6			
7			
8			

任务评价

纯电动汽车高压断电操作		姓名:	
日期:	班级:	学号:	
自我评价：□熟练　□不熟练	组长评价：□熟练　□不熟练	教师签名:	
教师评价：□优秀　□良好　□合格　□不合格			

纯电动汽车高压断电操作评分细则

序号	评分项	得分条件	分值	评分要求	自我评价	组长评价	教师评价
1	安全/7S/态度	□ 1. 能接受任务并完成任务 □ 2. 能进行设备和工具安全检查 □ 3. 能进行车辆安全防护操作 □ 4. 能进行人员高压安全防护操作 □ 5. 能进行三不落地操作 □ 6. 能进行团队合作作业 □ 7. 能进行工位 7S 操作 □ 8. 能进行有效沟通	20	未完成1项扣3分，扣分不得超过20分	□能做到 □做不到	□能做到 □做不到	□优秀 □良好 □合格 □不合格
2	专业技能	□ 1. 能正确检查车辆基本状态 □ 2. 能正确检查无钥匙进入模块故障现象 □ 3. 能正确读取故障码及数据流信息 □ 4. 能正确分析故障原因 □ 5. 能正确制定诊断检测流程 □ 6. 能正确使用检测设备 □ 7. 能正确找到故障点 □ 8. 能正确分析故障机理 □ 9. 能合理提出维修建议	40	未完成1项扣5分，扣分不得超过40分	□熟练 □不熟练	□熟练 □不熟练	□优秀 □良好 □合格 □不合格
3	工具及设备使用能力	□ 1. 能正确使用维修工具 □ 2. 能正确使用充电装置 □ 3. 能正确使用万用表、诊断仪、示波器等诊断设备 □ 4. 能正确使用专用工具	5	未完成1项扣3分，扣分不得超过5分	□熟练 □不熟练	□熟练 □不熟练	□优秀 □良好 □合格 □不合格

（续）

序号	评分项	得分条件	分值	评分要求	自我评价	组长评价	教师评价
4	资料、信息查询能力	☐ 1. 能正确查询车辆信息 ☐ 2. 能正确使用维修手册查询资料 ☐ 3. 能正确记录所查询资料的章节及页码 ☐ 4. 能正确记录检查状态信息	10	未完成1项扣3分，扣分不得超过10分	☐熟练 ☐不熟练	☐熟练 ☐不熟练	☐优秀 ☐良好 ☐合格 ☐不合格
5	数据判断和分析能力	☐ 1. 能判断无钥匙进入模块故障仪表状态 ☐ 2. 能判断仪表指示灯状态 ☐ 3. 能判断故障码 ☐ 4. 能判断数据流 ☐ 5. 能分析诊断仪器检测结果	10	未完成1项扣2分，扣分不得超过10分	☐能做到 ☐做不到	☐能做到 ☐做不到	☐优秀 ☐良好 ☐合格 ☐不合格
6	表单填写及撰写能力	☐ 1. 字迹清晰 ☐ 2. 语句通顺 ☐ 3. 无错别字 ☐ 4. 无涂改 ☐ 5. 无抄袭	5	未完成1项扣1分，扣分不得超过5分	☐熟练 ☐不熟练	☐熟练 ☐不熟练	☐优秀 ☐良好 ☐合格 ☐不合格
7	素养	☐ 1. 注重团队合作 ☐ 2. 注意安全防护 ☐ 3. 注意保护实训设备 ☐ 4. 做到三不伤害 ☐ 5. 保护环境	10	未完成1项扣2分扣分不得超过10分	☐能做到 ☐做不到	☐能做到 ☐做不到	☐优秀 ☐良好 ☐合格 ☐不合格

否决项：1. 操作过程产生高压危险或设备损坏；2. 操作人员或其他人员受伤；3. 隐瞒车辆故障或其他安全隐患

总分：_____

_____

_____

_____

任务 02　高压互锁的检测

一、任务导入

1. 任务描述

吉利帝豪 EV450 电动汽车，车辆处于静止状态，对车辆进行正常上电操作。上电后，发现车辆仪表能够正常点亮，"READY"指示灯不亮，蓄电池故障指示灯、整车故障指示灯、驻车制动指示灯等点亮，听不到高压继电器动作声音，档位无法切换"D"或"R"档。初步判定为高压互锁故障。作为维修技师，请你分析该车型高压互锁系统的特点、组成、电路图，并对故障进行系统检测，如图 4-29 所示。

图 4-29　车辆仪表显示

2. 任务分析

要实现高压互锁的检测，需要按照以下主要步骤进行分析：

1）确认该车辆的故障现象是否与用户所述故障现象一致。

2）根据故障现象分析可能的检测策略，通过诊断仪进一步确定可能的故障原因。

3）依据读取到的故障码或数据流，进一步分析可能存在问题的模块并查阅对应的电路图。

4）分析电路图，进一步分析可能的故障原因，比如模块供电、搭铁通信、自身损坏等。

5）实施检测与诊断，确定故障范围。

6）实现对上述故障的修复，并验证诊断结果。

二、任务资讯

新能源汽车高压互锁回路完整，是整个高压系统能够上电的一个前提条件。如果高压互锁回路处在断开状态或完整性受到破坏不能正常接通，VCU会判定高压互锁系统出现故障。新能源汽车在故障没有排除之前，不能上高压电，也就不能正常行驶。

如果在汽车启动前已经发生高压互锁故障，车辆将无法上高压电，车辆也就不能正常行驶。如果在汽车行驶过程中发生高压互锁故障，那么整车会根据安全控制策略做出反应，如发出报警信号、降低车辆运行功率、直接断开高压等，避免发生安全事故。

不同品牌、不同型号的新能源汽车由于整车设计不同、系统集成度不同、功能要求不同等原因，其高压互锁系统的连线方式及结构也略有不同。其中，吉利帝豪EV450高压互锁系统包括整车控制器、电机控制器、车载充电机、空调压缩机、PTC五大组件。整车控制器作为主控模块，负责信号发射和回收、高压互锁回路功能完整性判断以及应对策略实施。

三、任务组织

1. 实施准备

（1）作业规范

在维修带有高电压的新能源汽车前，务必规范执行高压电的断电和检验操作，避免因意外造成高压触电。在进行高压系统断电前，须做好场地布置、绝缘用品准备、断开低压电源等工作。

（2）场地布置

作业前，应进行现场环境检查，检查绝缘垫，设立隔离柱，布置警戒线，张贴警示牌，以警示相关人员，避免无关人员进入发生安全事故。

（3）准备绝缘用品

新能源汽车维修人员必须检查并穿戴必要的安全防护用品，如绝缘手套、绝缘鞋、护目镜、安全帽等。同时，新能源汽车维修中进行高压部件的拆装时需要使用绝缘工具，确保操作人员人身安全。

1）所需各种防护用品准备：工位、隔离带、安全警告标志牌、车辆挡块、灭火器（水基型、干粉型）、绝缘杆、绝缘垫、绝缘工作台、棉线手套、绝缘手套、防静电手套、护目镜、安全帽、车外三件套、车内多件套、车间纸巾、洗手液、急救包、除颤仪等。

2）常用工具、设备准备：万用表、诊断仪、万用接线盒、绝缘工具套装。

3）资料准备：维修手册、电路图、其他资料。

2. 制订计划

计划表

1. 作业计划			
序号	作业项目	操作要点	注意事项
1			
2			
3			
4			
5			
6			
7			

2. 设备清单				
序号	设备名称	用途	规格型号	数量
1				
2				
3				
4				
5				
6				

3. 其他材料清单				
序号	材料名称	用途	规格型号	数量
1				
2				
3				
4				

审核	小组审核意见
	组长签名： 年 月 日
	教师审核意见
	教师签名： 年 月 日

四、任务实施

在做好个人安全防护、维修场地安全检查之后，按照检测的准备流程，做好检测前的各项准备工作。

根据高压互锁的检测原理，当车辆发生高压互锁故障时，VCU 要根据故障情况采取安全策略，发出故障报警或直接对高压系统进行安全断电，确保在故障排除之前 VCU 不允许动力蓄电池包的相关继电器吸合，车辆不能上高压电，同时在高压断电前触发对应的诊断故障码。

1. 检测流程

1）线路断路、插头虚接检测。首先进行基本检查，确保所有的高压部件和高压线束都装配到位和安装牢固可靠，避免线路插头漏接、虚接的现象发生。常见的故障现象有互锁开关失效导致开路、端子退针导致开路、线束错误导致开路等。

2）逐段检测高压互锁附属电压线路电阻，正常值应小于 1Ω，如图 4-30 所示。

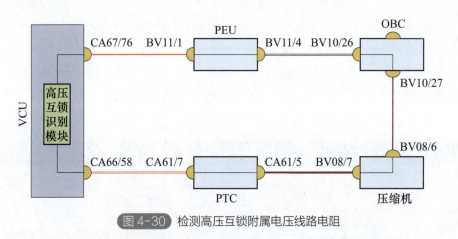

图 4-30 检测高压互锁附属电压线路电阻

3）拔下插头，测量 CA66/58 端子和 CA67/76 端子之间的电阻，如图 4-31 所示。

4）拔下电机控制器插头 BV11，测量 CA67/76 号端子至 BV11/4 号端子之间的电阻，如图 4-32 所示。

5）拔下车载充电机插头 BV10，测量 CA67/76—BV10/26 端子之间的电阻，如图 4-33 所示。

6）拔下 PTC 插头 BV08，检测 CA67/76—BV08/6 端子之间的电阻，如

图 4-34 所示。

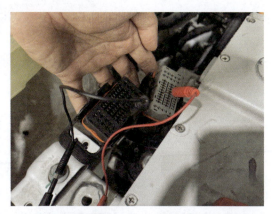

图 4-31　测量电阻值（一）

图 4-32　测量电阻值（二）

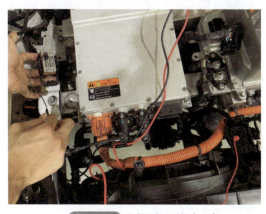

图 4-33　测量电阻值（三）

图 4-34　测量电阻值（四）

7）拔下 PTC 插头 CA61，检测 CA67/76—CA61/5 端子之间的电阻，如图 4-35 所示。

图 4-35　测量电阻值（五）

2. 任务记录工单

任务单	高压互锁检测	班级
		姓名

1. 车辆信息记录

品牌		整车型号		生产年月	
电机型号		动力蓄电池容量		行驶里程	
车辆识别代码					

2. 车辆基本检查

检查项目	检查情况		
安全防护		是	否
辅助蓄电池电压		异常	正常
高压部件安装及插接器连接情况		异常	正常

3. 故障现象记录

诊断项目	诊断内容
确认故障现象	

4. 读取相关故障码

诊断项目	诊断内容
相关故障码描述	

5. 记录相关主要数据流

诊断项目	诊断内容
相关数据流描述	

6. 故障范围分析

诊断项目	诊断内容
初步诊断故障范围	

7. 高压互锁检测流程

步骤	操作项目	完成情况	结果分析
1			
2			
3			
4			
5			
6			
7			
8			

8. 检测结论

确认故障部位	
故障机理描述	

任 务 评 价

高压互锁检测		姓名：	
日期：	班级：	学号：	
自我评价：□熟练　□不熟练	组长评价：□熟练　□不熟练	教师签名：	
教师评价：□优秀　□良好　□合格　□不合格			

高压互锁检测评分细则

序号	评分项	得分条件	分值	评分要求	自我评价	组长评价	教师评价
1	安全/7S/态度	□1. 能接受任务并完成任务 □2. 能进行设备和工具安全检查 □3. 能进行车辆安全防护操作 □4. 能进行人员高压安全防护操作 □5. 能进行三不落地操作 □6. 能进行团队合作作业 □7. 能进行工位 7S 操作 □8. 能进行有效沟通	20	未完成1项扣3分，扣分不得超过20分	□能做到 □做不到	□能做到 □做不到	□优秀 □良好 □合格 □不合格
2	专业技能	□1. 能正确检查车辆基本状态 □2. 能正确检查无钥匙进入模块故障现象 □3. 能正确读取故障码及数据流信息 □4. 能正确分析故障原因 □5. 能正确制定诊断检测流程 □6. 能正确使用检测设备 □7. 能正确找到故障点 □8. 能正确分析故障机理 □9. 能合理提出维修建议	40	未完成1项扣5分，扣分不得超过40分	□熟练 □不熟练	□熟练 □不熟练	□优秀 □良好 □合格 □不合格
3	工具及设备使用能力	□1. 能正确使用维修工具 □2. 能正确使用充电装置 □3. 能正确使用万用表、诊断仪、示波器等诊断设备 □4. 能正确使用专用工具	5	未完成1项扣3分，扣分不得超过5分	□熟练 □不熟练	□熟练 □不熟练	□优秀 □良好 □合格 □不合格

（续）

序号	评分项	得分条件	分值	评分要求	自我评价	组长评价	教师评价
4	资料、信息查询能力	□ 1. 能正确查询车辆信息 □ 2. 能正确使用维修手册查询资料 □ 3. 能正确记录所查询资料的章节及页码 □ 4. 能正确记录检查状态信息	10	未完成1项扣3分，扣分不得超过10分	□熟练 □不熟练	□熟练 □不熟练	□优秀 □良好 □合格 □不合格
5	数据判断和分析能力	□ 1. 能判断无钥匙进入模块故障仪表状态 □ 2. 能判断仪表指示灯状态 □ 3. 能判断故障码 □ 4. 能判断数据流 □ 5. 能分析诊断仪器检测结果	10	未完成1项扣2分，扣分不得超过10分	□能做到 □做不到	□能做到 □做不到	□优秀 □良好 □合格 □不合格
6	表单填写及撰写能力	□ 1. 字迹清晰 □ 2. 语句通顺 □ 3. 无错别字 □ 4. 无涂改 □ 5. 无抄袭	5	未完成1项扣1分，扣分不得超过5分	□熟练 □不熟练	□熟练 □不熟练	□优秀 □良好 □合格 □不合格
7	素养	□ 1. 注重团队合作 □ 2. 注意安全防护 □ 3. 注意保护实训设备 □ 4. 做到三不伤害 □ 5. 保护环境	10	未完成1项扣2分，扣分不得超过10分	□能做到 □做不到	□能做到 □做不到	□优秀 □良好 □合格 □不合格

否决项：1. 操作过程产生高压危险或设备损坏；2. 操作人员或其他人员受伤；3. 隐瞒车辆故障或其他安全隐患

总分：_____

_____

_____

_____

_____

Module 05

能力模块五
充电系统结构认识与检测

充电系统是纯电动汽车的能源补给系统，为保障车辆持续行驶提供动力能源。根据动力蓄电池的实时状态控制启动充电和停止充电，并根据动力蓄电池的电量、温度控制充电电流的调节。因此，了解纯电动汽车充电系统的构造并能够进行维护修理是非常重要的。

能力目标

知识目标
- 熟悉充电的相关术语。
- 熟悉电动汽车的充电模式。
- 认识充电系统的构造与充电接口的类型。
- 理解交流充电与直流充电的基本原理。

技能目标
- 掌握纯电动乘用车的充电操作技能及充电操作安全。
- 掌握交直流充电桩充电操作技能。
- 掌握新能源汽车充电系统故障诊断流程。

素养目标
- 树立高压安全防护意识。
- 严格执行新能源汽车检修规范，养成严谨科学的工作态度。
- 养成总结反思的习惯，为下次训练积累经验。
- 养成独立探讨、团结协作的精神。
- 严格落实 7S 现场整理。

知识准备

一、充电系统介绍

电动汽车充电系统是维持电动汽车运行的能源补给设备，是从供电电源提取能量对动力蓄电池充电时使用的有特定功能的电力转换装置。电动汽车充电系统如图 5-1 所示。

图 5-1 电动汽车充电系统

二、充电系统基本要求

电动汽车对充电系统的基本要求：

1）安全性：包括人员的人身安全和动力蓄电池的安全。

2）易用性：具有较高的智能性，不需要操作人员过多干预充电过程。

3）经济性：价格低廉、性能优异的充电设备有助于降低整个电动汽车的成本，促进电动汽车的商业化推广。

4）高效性：高效率是对现代电动汽车充电系统的重要要求之一。

5）低污染性：采用电力电子技术的充电设备是一种高度非线性的设备，会对供电网及其他供电设备产生有害的谐波污染，而且由于充电设备功率因数低，在充电系统负载增加时，对供电网的影响也不容忽视。

三、充电类型及特点

1. 按充电装置进行分类

按充电装置进行分类，电动汽车充电装置可分为车载充电装置和地面充电装置。

（1）车载充电装置

车载充电装置是指安装在电动汽车上的，可采用地面交流电网电源对车载电池组进行充电的装置。

（2）地面充电装置

地面充电装置主要分为专用充电机和专用充电站。专用充电机、专用充电站是指专门根据特定目标的电动汽车、电池系统和车队充电需求而设计的，具有控制功能相对简单、适用范围单一、监控系统独立且自成体系的充电系统。

2. 按充电器位置进行分类

根据充电器是装在车内还是车外，充电器可分为车载和非车载两种。

（1）车载充电器

车载充电器一般设计为小充电率，它的充电时间较长（一般是 5~8h）。由于电动汽车质量和体积的限制，车载充电器要求尽可能体积小、质量小（一般小于 5kg）。

（2）非车载充电器

非车载充电器和电池管理系统在物理位置上是分开的，因而非车载充电器一般设计为大充电率，质量和体积也较大。

3. 按充电时的能量转换方式进行分类

根据给电动汽车动力蓄电池充电时的能量转换方式的不同，充电器也可以分为接触式充电器和感应式充电器两种系统。

（1）接触式充电器

接触式（也称耦合或传导式）充电器是将带插头的动力电缆线直接插到电动汽车的插座中给电池充电。接触式充电器简单、效率高。

（2）感应式充电器

感应式充电器是通过电磁感应耦合的方式进行能量转换而给电池充电。

感应式充电器使用方便，而且即使在恶劣的气候环境下也无触电的危险。

4. 按充电方式进行分类

电动汽车充电方式主要有常规充电方式、快速充电方式、更换电池充电方式、无线充电方式和移动式充电方式。

（1）常规充电方式

常规充电方式采用恒压、恒流的传统充电方式对电动汽车进行充电，相应的充电器的工作和安装成本相对比较低。电动汽车家用充电设施（车载充电机）和小型充电站多采用这种充电方式。车载充电机是电动汽车一种最基本的充电设备。

（2）快速充电方式

快速充电方式以 150~400A 的大充电电流在短时间内为动力蓄电池充电，与常规充电方式相比安装成本较高。快速充电也称为迅速充电或应急充电，其目的是在短时间内给电动汽车充满电，充电时间应该与燃油汽车的加油时间接近。大型充电站（机）多采用这种充电方式。

（3）更换电池充电方式

更换电池充电方式是采用更换动力蓄电池的方法迅速补充车辆电能，更换电池可在 10min 以内完成，理论上无限提升了车辆续驶里程。

（4）无线充电方式

电动汽车无线充电方式是利用无线电能传输技术对动力蓄电池进行充电的一种新型充电方式，主要有感应式、谐振式和微波无线电能传输 3 种形式。感应式无线电能传输是松散耦合结构，相当于可分离变压器；谐振式无线电能传输利用近场电磁共振耦合，可以实现电能中距离有效传输；微波无线电能传输是一种远场辐射型能量传输方式，由于其传输效率很低，而且容易对人体产生危害，因此不宜用于电动汽车无线充电。

（5）移动式充电方式

对电动汽车动力蓄电池而言，最理想的情况是电动汽车在路上巡航行驶时充电，即所谓的移动式充电（MAC）。这样，电动汽车用户就没有必要去寻找充电站、停放车辆并花费时间去充电了。移动式充电系统埋设在一段路面之下，即充电区，不需要额外的空间。

5. 按充电时间进行分类

根据充电时间的快慢来进行分类，电动汽车充电可分为慢充和快充。

（1）慢充

慢充系统通过慢速充电线束（家用慢速充电线束、充电桩慢速充电线束）与 220V 家用交流插座或交流充电桩相连为动力蓄电池充电；慢充系统将 220V 交流电转化为直流电，以实现动力蓄电池的电能补给。充满电一般需要 5~8h。

1）慢充系统对充电条件的要求：

①充电线连接确认信号正常。

②充电机供电电源正常（包括 220V 和 12V）及充电机工作正常。

③充电唤醒信号输出正常（12V）。

④充电桩、整车控制器（VCU）、电池管理系统（BMS）之间通信正常。

⑤动力蓄电池单体温度在 5~45℃之间。

⑥单体最高电压与最低电压差小于 0.3V。

⑦单体最高温度与最低温度差小于 15℃。

⑧绝缘性能大于 20MΩ。

⑨实际单体最高电压不大于额定单体电压 0.4V。

⑩高、低压电路连接正常。

2）慢充系统组成。

慢充系统主要由供电设备（交流充电桩或家用交流电源）、车载充电机、慢充充电口、充电枪、高压线束、低压控制线束、高压控制盒、动力蓄电池、整车控制器（VCU）等组成。慢充系统组成如图 5-2 所示。

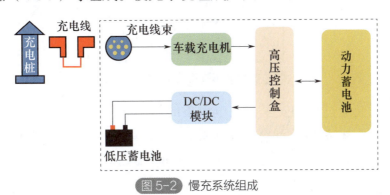

图 5-2　慢充系统组成

3）慢充系统工作过程。

如图 5-3 所示，供电设备通过充电线缆连接充电桩和车辆的交流充电口，将 220V 交流电供给车载充电机，同时保证供电系统的安全，高压线束负责将车载充电机输出的高压直流电输送到动力蓄电池。车载充电机是交流慢充系统的主要电源，其作用是将 220V 的交流电转成高压直流电并提供给动力蓄电池充电，同时要减少对电网的谐波影响，保证供电设备的电源质量。由于车内空间较少且工作环境较恶劣，车载充电机的功率存在一定限制，同时还需要考虑其尺寸、防水防尘等级（IP 等级）、抗振动性能等。另外，从交流电转换到直流电存在一定的损耗并会转化为热量，影响设备的寿命，因此需要保证车载充电机的散热性能。

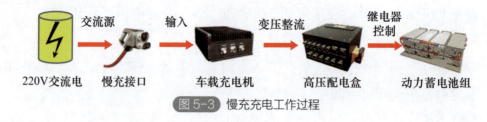

图 5-3 慢充充电工作过程

慢充充电系统工作原理如图 5-4 所示。

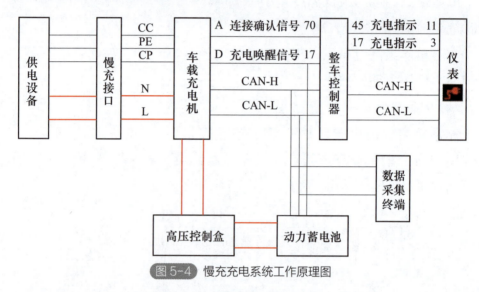

图 5-4 慢充充电系统工作原理图

为了保证充电过程的安全与充电设备的通用性，GB/T 18487.1—2015《电动汽车传导充电系统 第 1 部分：通用要求》对整个充电流程的监测和控制都做出了统一的要求。在充电线束中，L1 与 N 端子是 AC 220V 电源的火线与零线，用以传递电能；PE 为保护接地线，将车辆接地与电源接地相连；L2、L3 是三相交流充电预留端子，部分车型的车载充电机支持使用交流 380V 的三相交流电来进行充电，L2、L3 端子与 L1 共同进行电量的传输，可使慢速充电的功率达到 30kW；CC、CP 两个端子负责低压控制信号的传递。充电接口端子连接示意图如图 5-5 所示。

充电连接确认（CC）信号是车辆通过 RC 电阻值来判断充电枪是否正确连接和区分不同供电线束的充电限制功率。CC 车辆端的 12V 电压是车载充电设备用来检测是否连接充电枪的，在充电枪未连接的情况下，检测到电压 12V，当按下 S3 开关连接电枪后，车辆 CC 端的电压通过 RC-R4 接入 PE 接地。当充电枪完全连接后，S3 闭合，车辆 CC 端电压通过 RC 接入 PE。车辆控制装置可以通过计算车辆 CC 端与 PE 之间的电阻值来判断充电枪的连接状态，并

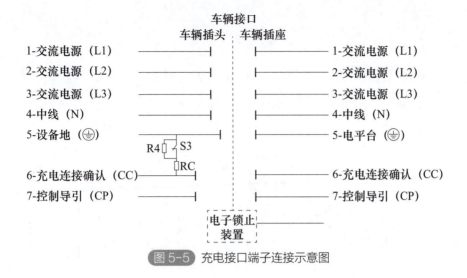

图 5-5　充电接口端子连接示意图

且可以通过测量 RC 电阻的大小来确定供电线束的充电限制电流，见表 5-1。

表 5-1　RC 电阻与充电限制电流

RC 电阻 /Ω	电枪连接状态与供电设备额定电流 /A
∞	电枪未连接
1500	10
680	16
220	32
100	63

控制引导（CP）信号则是供电设备用来判断充电枪是否与车辆完成连接并向车辆发送代表供电设备能够提供的最大工作电流的 PWM 信号。而车辆通过对比 CC 电路 RC 电阻值设定的线束最大工作电流和 CP 线路提供的供电设备最大供电电流来确定实际充电电流，见表 5-2，一般是二者中比较小的那个值。

表 5-2　CP PWM 信号与最大充电电流

PWM 占空比 D	最大充电电流 I_{max}/A
$D=0$ 或连续 12V	充电枪未连接或充电桩不可用
$10\% \leqslant D \leqslant 85\%$	$I_{max}=D \times 100 \times 0.6$
$85\% < D \leqslant 90\%$	$I_{max}=（D \times 100-64）\times 2.5$ 且 $I_{max} \leqslant 63$

在整个充电过程中，车辆一直保持对 RC 电阻以及 CP 占空比的检测，对充电功率进行实时的调节，而充电设备也持续对 CP 占空比进行检测，一旦检测到异常，就立刻停止充电过程以保证安全。

（2）快速充电

1）快速充电系统的组成。

快速充电系统主要由快速充电桩（直流充电桩）、快充接口、高压控制盒、动力蓄电池、整车控制器、高压线束和低压控制线束等组成。

2）快速充电的工作原理如图 5-6 所示。

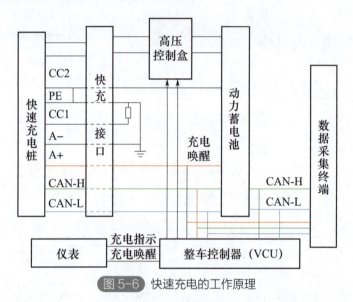

图 5-6 快速充电的工作原理

快速充电（即应急充电）使用非车载充电机，采用大电流直接给动力蓄电池充电，这就需要建设快速充电站。它并不要求把电池完全充满，只要能满足继续行驶的需要就可以了。在这种充电模式下，充电 20~30min 时，电池容量大致能到 50%~80%。这种充电方式为直流充电，地面充电机直接输出直流电能给车载动力蓄电池充电，电动汽车只需提供充电及相关通信口，如图 5-7 所示。直流快速充电系统由地面充电设备、高压配电系统、动力蓄电池和控制系统构成。地面充电设备一般使用三相交流电源供电，其总成可分为结构部分、配电部分、电源部分和控制系统。其中，控制系统包括电源控制系统、计费鉴权系统和通信监测系统。直流快速充电系统具有充电速度快、充电设备自带配线、车辆仅需增加快充接口和相关软件即可实现快速充电功能等特点。

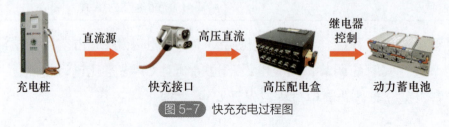

图 5-7 快充充电过程图

对于普通乘用车来说，目前商用的国标直流充电桩投入使用的充电功率可达 120kW，但是为了充电安全，目前基本限制在 60kW 左右。特斯拉的第二代充电桩充电功率已经可以达到 150kW，第三代产品可以达到 250kW 的最大充电功率。而依据 GB/T 18487.1—2015《电动汽车传导充电系统　第 1 部分：通用要求》，家用交流充电桩一般功率在 7kW（220V 32A）以内，而使用家庭插座进行充电时，由于 16A 的三脚插座功率不超过 3kW（220V 13A），因此直流充电和交流充电在充电速度上有着很大的差别。

由于插电式混合动力汽车只要纯电续驶里程达 50km 就可以达到 2020 年国家补贴的标准，并且考虑到需要同时在车辆上布置动力蓄电池与油箱，为了控制整车的整备质量和平衡安装空间，常见插电式混合动力车型的动力蓄电池的容量基本上在 20kW·h 以内，见表 5-3。对于大部分的插电混合动力车型来说，无论是采用 3kW 的便携式慢充用 6h 左右充电，还是 7kW 慢充电桩 2h 左右充电，都能够满足绝大多数的使用情况。

表 5-3　常见插电式混合动力汽车参数汇总

车型	唐 DM 80	唐 DM 100	宝马 5 系新能源	秦 Pro DM	卡罗拉双擎 E+	途观新能源	卡宴新能源
纯电续驶里程 /km	81	100	67	53	55	52	51
电池容量 /（kW·h）	19.98	23.97	13	9.03	10.5	12.1	14.1
慢充时间（3kW）/h	约 6	约 8	约 4	约 3	约 3	约 4	约 5
慢充时间（7kW）/h	约 2.5	约 3.5	约 2	约 1.4	约 1.5	约 2	约 2
快充时间（60kW）/min	约 20	约 24	约 13	约 10	约 10	约 12	约 15

而纯电动汽车由于没有燃油动力的辅助，因此只能通过增加动力蓄电池的容量来保证车辆的续驶里程。常见纯电动汽车的动力蓄电池容量普遍在 30~80kW·h 的区间，见表 5-4。如果使用 3kW 便携充电器，则充电时间要达到 10~20h 以上，7kW 交流充电桩也需要 5~10h，因此直流快充方式更加适合大电池容量的纯电动汽车。实际充电时间基本上能够控制在 1~2h。

表 5-4　常见纯电动汽车参数汇总

车型	唐 EV600	特斯拉 Model 3	蔚来 ES6	朗逸纯电	特斯拉 Model X	帝豪 EV	比亚迪 e5
纯电续驶里程 /km	520	460	420	278	575	400	400
电池容量 /（kW·h）	82.9	60	70	38.1	100	52	60.5
慢充时间（3kW）/h	约 28	约 20	约 23	约 13	约 33	约 17	约 20
慢充时间（7kW）/h	约 12	约 9	约 10	约 5.5	约 14	约 7.5	约 8.5
快充时间（60kW）/h	约 1.4	约 1	约 1.2	约 0.7	约 1.7	约 0.8	约 1

基于以上原因，一般插电式混合动力汽车只配备交流充电接口，需要迅速补充能量的时候可以利用发动机行驶和发电，而纯电动汽车会同时配备直流充电接口与交流充电接口，以满足快速充电和低成本充电两种不同的使用情况。

四、充电系统的结构组成

新能源汽车充电系统主要由充电桩、充电线束、充电口、车载充电器、高压控制盒、动力蓄电池、DC/DC 模块、低压蓄电池以及各种高压线束和低压控制线束等组成。以下简单介绍新能源汽车充电系统的主要组成部分。

1. 充电桩

充电桩作为新能源汽车充电系统的配套设施，分为交流充电桩和直流充电桩。

（1）交流充电桩

交流充电桩俗称"慢充"，是固定安装在电动汽车外，与交流电网连接，为电动汽车车载充电器（即固定安装在电动汽车上的充电器）提供交流电源的供电装置。交流充电桩只提供电力输出，没有充电功能，必须连接车载充电器为电动汽车充电，相当于只是起了一个控制电源的作用。

（2）直流充电桩

直流充电桩俗称"快充"，是固定安装在电动汽车外，与交流电网连接，可以为非车载电动汽车动力蓄电池提供直流电源的供电装置。直流充电桩的输入电压采用三相四线 AC 380V（±15%），频率 50Hz，输出为可调直流电，直接为电动汽车的动力蓄电池充电。

2. 充电口

不同车型充电口安装位置不同，以吉利帝豪 EV450 为例，交流充电口安装在车上左前翼子板上，直流充电口安装在车身左后侧，如图 5-8 所示。

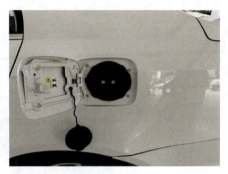

图 5-8　吉利帝豪 EV450 充电口

交流充电接口各端子定义如图 5-9a 所示。

直流充电接口各端子定义如图 5-9b 所示。

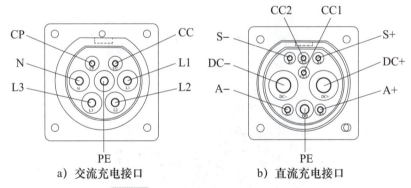

a）交流充电接口　　　　b）直流充电接口

图 5-9　交流充电接口与直流充电接口

CC—充电连接确认线　　　　　DC+—直流电源正极
CP—充电控制确认线　　　　　DC−—直流电源负极
L1—交流电源火线　　　　　　PE—保护接地
N—交流电源零线　　　　　　　S+—充电通信 CAN-H
PE—接地线　　　　　　　　　S−—充电通信 CAN-L
L2、L3—三相交流充电预留　　CC1—充电连接确认
　　　　　　　　　　　　　　CC2—充电连接确认
　　　　　　　　　　　　　　A+—低压辅助电源正极
　　　　　　　　　　　　　　A−—低压辅助电源负极

3. 车载充电机

车载充电机将外界的交流电转化为动力蓄电池需要的直流电。并完成与电

源和动力蓄电池之间的协调与控制。以帝豪 EV450 为例，车载充电机的参数见表 5-5。

表 5-5　帝豪 EV450 充电机参数

项目	输入	输入最大电流	输出	输出最大功率	效率	工作温度
参数	AC 220V 50Hz	16A	DC 220~450V	6.6kW	≥93%	-40~80℃

帝豪 EV450 的充电机与高压配电模块集成在一起，因此除了电池高压母线和交流充电线束之外，电机驱动器以及空调系统的高压线束也与充电机模块相连接，如图 5-10 所示。

图 5-10　帝豪 EV450 车载充电机

车载充电机除了与外部供电设备进行充电连接状况的确认和充电功率的协调之外，还需要与车辆上的其他模块和部件进行协调才能够完成交流充电的过程，如图 5-11 所示，其中最重要的电池状态监控与充电需求是 BMS 通过 P-CAN 与车载充电机进行通信的，而 VCU 则负责整车充电状态的协调与低压电源的控制。帝豪 EV450 的 DC/DC 模块集成在车辆的电机控制器中，因此在充电过程中，电机控制器也通过 VCU 控制 DC/DC 模块继电器唤醒进入到工作状态，为整车在交流充电的过程中提供 12V 的低压直流电源。

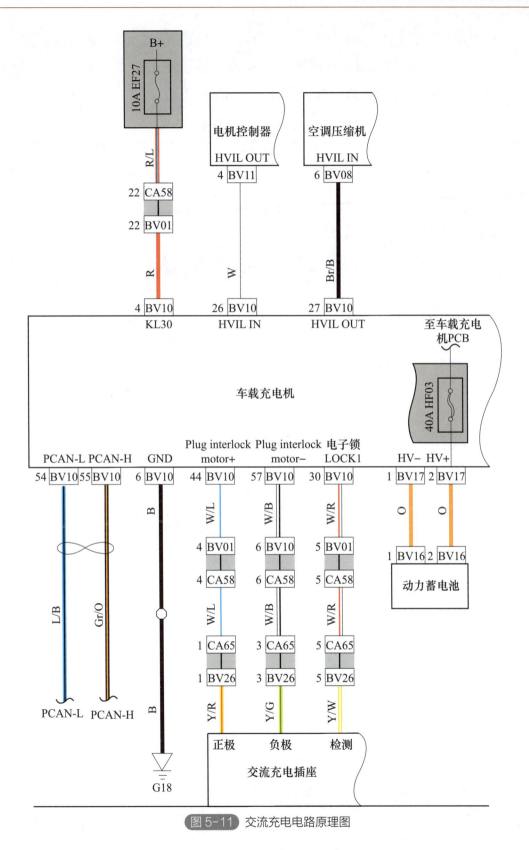

图 5-11　交流充电电路原理图

从电路可知，BV10 插接件是车载交流充电机的低压线束插件，所有的低压电源及信号都是通过 BV10 的线束连接的，端子定义见表 5-6。BV17 是连接动力蓄电池高压母线的高压线束端子，如图 5-12 所示。

表 5-6　BV10 端子定义

端子号	端子定义	线束颜色	端子释义
4	KL30	红	车载充电机低压常电
6	搭铁	黑	车载充电机低压搭铁
17	充电口温度检测 –	黑 / 白	温度传感器信号地
19	唤醒	黄 / 黑	慢充唤醒信号
26	HVIL IN	白	高压互锁进线
27	HVIL OUT	棕 / 黑	高压互锁出线
30	电子锁 LOCK1	白 / 红	充电口电子锁状态信号
34	充电口温度检测 +	黑 / 黄	温度传感器信号
39	充电插座本体 CC 信号	橙	充电枪 CC 信号
41	LED1	粉 / 黑	充电口指示灯电源 1
44	Plug interlock motor+	白 / 蓝	充电口锁止电机正极
47	LED2	蓝	充电口指示灯电源 2
49	LED3	橙 / 绿	充电口指示灯电源 3
50	充电插座本体 CP 信号	紫 / 黑	充电 CP 信号
54	PCAN-L	蓝 / 黑	CAN—低
55	PCAN-H	灰 / 橙	CAN—高
57	Plug interlock motor–	白 / 黑	充电口锁止电机负极

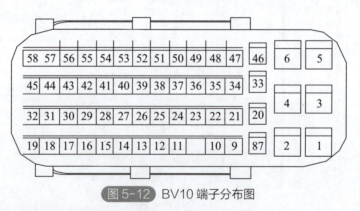

图 5-12　BV10 端子分布图

利用车载充电机对电动汽车充电。充电过程如下：

1）将车辆插头和插座插合后，车辆的总体设计方案可以自动启动某种触发条件，通过互锁或者其他控制措施使车辆处于不可行驶状态。

2）电动汽车车辆控制装置通过测量图 5-13 中检测点 3 与 PE 之间的电阻值，判断车辆插头与车辆插座是否已完全连接。

3）在操作人员对供电设备完成充电启动设置后，如供电设备无故障，并且供电接口已完全连接，则闭合 S_1，供电控制装置发出 PWM 信号，电动汽车车辆控制装置通过测量图 5-13 中检测点 2 的 PWM 信号，判断充电连接装置是否已完全连接。

4）在电动汽车和供电设备建立电气连接及车载充电机完成自检后，通过测量图 5-13 中检测点 2 的 PWM 信号确认充电额定电流值；车载充电机给电动汽车控制装置发送充电感应请求信号，同时或延时后给车辆控制装置供电；根据充电协议进行信息确认，若需充电，则电动汽车控制装置发送需充电报文并控制充电接触器闭合，车载充电机按所需功率输出。

5）车辆控制装置通过判断图 5-13 中检测点 2 的 PWM 信号占空比确认供电设备当前能提供的最大充电电流；车辆控制装置对供电设备、充电连接装置及车载充电机的额定输入电流值进行比较，将其最小值设定为车载充电机当前最大允许输入电流；当判断充电连接装置已完成连接，并完成车载充电机最大允许输入电流设置后，车辆控制装置控制 K_1、K_2 闭合，车载充电机开始对电动汽车进行充电。

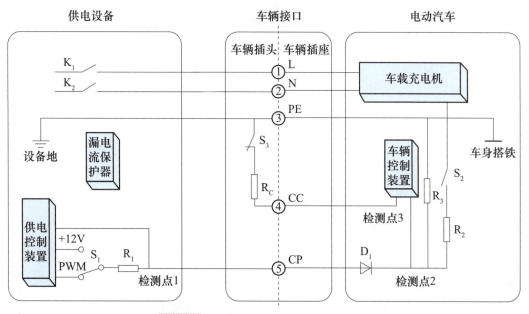

图 5-13　车载充电机对电动汽车充电过程

6）充电过程中，车辆控制装置可以对图5-13中检测点3的电压值及PWM信号占空比进行监测，供电控制装置可以对图5-13中检测点1的电压值进行监测。

7）在充电过程中，当充电完成或者因为其他原因不满足充电条件时，车辆控制装置发出充电停止信号给车载充电机，车载充电机停止直流输出、CAN总线通信和低压辅助电源输出。

电动汽车非车载充电机充电过程如图5-14所示：

1）将车辆插头和插座插合后，车辆的总体设计方案可以自动启动某种触发条件，通过互锁或者其他控制措施使车辆处于不可行驶状态。

2）操作人员对非车载充电机进行充电设置后，非车载充电机控制装置通过测量检测点1的电压判断车辆插头与车辆插座是否已完全连接。如检测点1的电压为4V，则判断车辆接口完全连接，非车载充电机控制电子锁锁止。

3）在车辆接口完全连接后，如非车载充电机完成自检，则闭合接触器K_3和K_4，使低压辅助供电回路导通，同时开始周期发送充电机辨识报文；在得到非车载充电机提供的低压辅助电源供电后，车辆控制装置通过测量检测点2的电压值判断车辆接口是否已完全连接；如检测点2的电压为6V，则车辆控制装置开始周期发送车辆控制装置（或电池管理系统）辨识报文，该信号也可以作为车辆处于不可行驶状态的触发条件之一。

4）车辆控制装置与非车载充电机控制装置通信完成握手和配置后，车辆控制装置闭合接触器K_5和K_6，使充电回路导通。非车载充电机控制装置闭合接触器K_1和K_2，使直流供电回路导通。

5）在整个充电阶段，车辆控制装置通过向非车载充电机控制装置实时发送充电级别需求来控制整个充电过程，非车载充电机控制装置根据电池充电级别需求来调整充电电压和充电电流以确保充电正常进行。此外，车辆控制装置和非车载充电机控制装置还相互发送各自的状态信息。

6）车辆控制装置根据电池系统是否达到满充状态或是否收到充电机中止充电报文来判断是否结束充电。在满足以上充电结束条件时，车辆控制装置开始周期发送车辆控制装置（或电池管理系统）中止充电报文，在一定时间后断开接触器K_5和K_6；非车载充电机控制装置开始周期发送充电机中止充电报文，并控制充电机停止充电，之后断开接触器K_1、K_2、K_3和K_4，然后电子锁解锁。

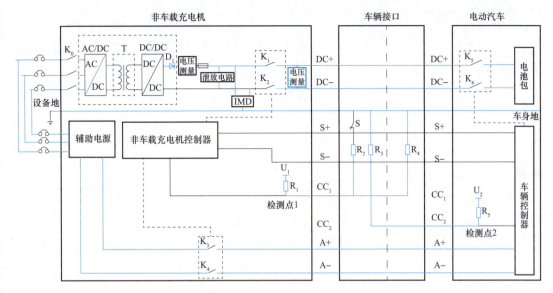

图 5-14　电动汽车非车载充电机充电

五、充电站的功用与组成

充电站是指具有特定控制功能和通信功能的将电能传送到电动汽车的设施的总称，它能够以快充或慢充方式对电动汽车进行充电。充电站主要由供配电设施、充电机、监控系统、安全防护设施和其他配套设施等组成，公共充电站还应包括营业场所。

充电站的基本功能应包括供配电、充电、充电过程和配电设备监控、计量、站内设备管理和通信，扩展功能包括计费。

1. 充电站的总体布置

充电站总体布置应满足便于电动汽车的出入和充电时停放，保障站内人员及设施的安全。具体有以下要求：

1）充电区的入口和出口应至少有两条车道与站外道路连接，充电站应设置缓冲距离或缓冲地带便于电动汽车的停放和进出。

2）充电区单车道宽度不应小于 3.5m，双车道宽度不应小于 6m；转弯半径不应小于 9m，道路坡度不应大于 6%，且坡向站外。

3）充电设施应靠近充电区停车位设置，电动汽车在停车位充电时不应妨碍站内其他车辆的充电与通行。

4）充电区应考虑安装防雨设施，以保护站内充电设施、方便进站充电的电动汽车驾乘人员。

2. 充电站的电气设备布置

充电站的电气设备布置应遵循安全、可靠、适用的原则，并便于安装、操作、搬运、检修、试验。具体有以下要求：

1）充电机、监控室、营业厅应布置在建筑物首层，高压开关柜、变压器、低压开关柜等宜布置在建筑物首层。

2）变压器、高压开关柜、低压开关柜、充电机及监控装置宜安装在各自的功能房间，以利于电气设备的运行，便于维护管理。

3）当成排布置的低压开关柜长度大于 6m 时，柜后应有两个出口通道。当两个出口通道之间的距离大 15m 时，其间应增加出口。

4）当受到条件限制时，低压开关柜与充电机可安装在同一房间，或将变压器与低压开关柜设置在同一房间，但变压器应选用干式。

5）当受到条件限制时，变配电设施与充电机可设置在户外组合式成套配电站中，其基础应适当抬高，以利于通风和防水。

6）变压器室不宜与监控室贴邻布置或位于正下方，不能满足时应采取防止电磁干扰措施。

3. 充电站对电网的需求

（1）直充站对电网的需求

有多大输出功率就需要多大输入功率。由于充电站的充电功率比较大，一般每路 100 多 kW，拥有 10 多个快速充电枪的大型综合充电站需要近 2000kW 的高压专线输入，拥有 4 路充电枪的小型充电站至少需要 500kW 的新增变压器。即使安装 1 路 100kW 输出的快速充电桩，一般运营单位也难以承受，因为路边充电站单位大多为中小企事业和机关单位，富裕电功率不多。

（2）储能充电站对电网的需求

储能充电站可以使用较小的输入功率，平时可以连续使用这些小功率电能进行蓄电，需要时由储能蓄电池为主向电动汽车提供快速充电功率，电动汽车较少时可以利用夜间低谷电能，电动汽车较多时，随用随充，这样电网的利用率非常高，电网电能输出小而连续。这样用 500kW 电力投入就可以实现 2000kW 以上输出效果的大型充电站，基本不用加设专用充电专线，节省了大量建网资金。

4. 电动汽车不同阶段对充电站需求

（1）早期示范期阶段要求（2010—2012 年）

此阶段电动汽车数量逐步增加到数千辆左右规模。此阶段电动汽车用户较少且居住分散，而因为电动汽车续驶里程较短、车多、拥挤等因素，充电站的服务半径一般不易超过 5km。大型充电站因投资过大、用地较多等因素，每个中心城市设 1~2 个即可，主要起到市场引导和功能实验的目的。

此阶段的主要特点是"车辆较少，用户分散"，充电站以市内运营服务为主，除小区专用慢速充电桩外，需要在经常停车的地区设置部分直流充电桩，根据城市大小设置 100~300 个直流充电桩，基本可以满足初期购买电动汽车用户的出行需要。配置 10~20 个小型储能充电站可以进一步扩大电动汽车的出行范围和充电便捷性，也可满足部分公务等用车的应急充电需要。同时，也为下一阶段批量采用获得运行经验和数据。

（2）中期上升期阶段要求（2013—2020 年）

此阶段电动汽车数量逐步增加到数万辆以上规模。此阶段电动汽车的数量明显上升，对充电站（桩）的数量和设置位置提出了更高的要求。除相应的交流充电桩增多外，直流充电桩几乎达到每个超市、停车场、办公楼、小区中型单位等至少一个的配置，中心城市至少要配置 1000~2000 个直流充电桩。

城市在变大，居住更分散，此阶段省级中心城市的小型快速充电站达到数十个。

（3）远期成熟期阶段要求（2021 年以后）

此阶段电动汽车数量逐步增加到数十万辆以上规模（超大城市将达到数百万辆）。此阶段电动汽车保有量的占比快速上升，对充电站（桩）的数量和设置位置提出了更高的要求。除相应的交流充电桩增多外，直流充电桩要达到每个超市、停车场、办公楼、小区中型单位等配置数十个的规模，中心城市至少要配置 10000~20000 个直流充电桩。

此阶段城市将更大，农村也将发展起来，城乡基本一体化，小型快速充电站将遍布各地，不仅社区、街边、公共停车场等必备，城市环路、远郊公路、高速公路等更是必不可少。此阶段省级中心城市的小型快速充电站将达到数百个。

六、充电操作步骤举例

当车辆仪表显示电量不足时，要及时补充电能。车辆充电前，要保证车辆点火开关处于关闭状态，并遵守外部充电和车辆本身的安全操作要求。

1. 家用单相交流慢充充电步骤

1）打开车辆慢充电口盖板和防尘盖。

2）将车辆供电端充电枪与车身上的充电座良好相连，直到听到"咔"的响声。

3）查看车辆供电端充电枪与供电插座是否连接。

4）充电后，将供电端充电枪拔出，盖好充电枪防尘盖和充电口盖板。

2. 交流充电桩充电步骤

1）将电动汽车停好，确保充电枪可以接插到车身充电口处，电动汽车电源档位置为 OFF。

2）打开充电口盖拉锁，打开车身上充电口的防护盖。

3）检查充电口，确保充电口无尘、无水、无杂物。

4）按住充电枪上的轻触开关，从充电实训台充电桩中拔出充电枪。

5）按住充电枪上的轻触开关，连接充电枪与充电口，仪表充电连接指示灯亮起。

6）正常充电时，仪表板会显示相关信息，如充电不成功，也会在仪表板上显示出来。

7）充电完成后，刷卡，断开电源。

8）按住充电枪上的轻触开关，将充电枪从充电口中拔出。

9）手持枪柄，将充电枪对准充电桩的充电枪插座，推入充电桩插座内；盖上电动汽车上充电口的防护盖，完成操作。

3. 手机 App 充电步骤

手机 App 充电与刷卡充电操作步骤相似，不同的是计费方式。操作步骤如下：

1）将电动汽车停好，确保充电枪可以接插到车身充电口处，电动汽车电源档位置为 OFF。

2）打开充电口盖拉锁，打开车身上充电口的防护盖。

3）检查充电口，确保充电口无尘、无水、无杂物。

4）按住充电枪上的轻触开关，从充电实训台充电桩中拔出充电枪。

5）按住充电枪上的轻触开关，连接充电枪与充电口，仪表充电连接指示灯亮。

6）连接正常后，扫描二维码，手机确认充电。

7）正常充电时，开始实时计费。

8）充电完成后，手机 App 停止充电，结算计费。

9）按住充电枪上的轻触开关，将充电枪从充电口中拔出。

10）手持枪柄，将充电枪对准充电桩的充电枪插座，推入充电桩插座内；盖上电动汽车上充电口的防护盖，完成一次手机 App 充电操作。

七、充电注意事项

1）快充不能取代慢充，慢充的充电电流和功率相对较小，对延长电池使用寿命比较好，而且在用电低峰时充电成本低；快速充电会使用较大的电流和功率，会对电池组产生很大的影响，对电池使用寿命也有影响。

2）充电次数与动力蓄电池的寿命没有直接关系，锂电池本身没有记忆功能，及时充放电可保持动力蓄电池较好的充放电能力。如果要长期停放车辆，则首先要断开蓄电池负极，最好在动力蓄电池电量为 50%~80% 时停放，同时每隔 1~2 个月对动力蓄电池进行一次充放电，避免长期停放造成动力蓄电池性能下降。

充电次数 ≠ 充电周期。一个充电周期指的是锂电池一次完全充放电过程，即由一个满充电和一个满放电过程组成。电池一般有 300~500 个充电周期。电池寿命与其充电周期的完成次数有关，和锂电池充放电次数没有任何关系。锂电池充电也讲究"少吃多餐"，浅度充放电有助于延长其寿命。

3）快充的控制策略是当动力蓄电池某个单体达到设定电压时即停止充电，没有末端恒压小电流充电和电量修正过程。因此在车辆多次连续快充时会出现充不满现象，可以在使用快充后再用慢充充满。

4）雨天尽量不要给电动汽车充电，如果有必要，在小雨天气可以充电，但在拔插充电枪时要有雨具遮挡，防止雨水进入充电口。充电枪插牢后具有防水能力。

5）目前，大部分车辆采用锂离子动力蓄电池，在较低温度时，该电池的性能会有不同程度的下降，表现为充电电流和放电电流变小、电池容量减小等。在高寒情况下，甚至可能出现充不进电的情况。冬季驾驶车辆会使用暖风，增大了车辆电耗，也会减少车辆的续驶里程。在冬季使用电动汽车时，出现充电时间变长、车辆续驶里程变短的情况，均为正常情况。在使用中，应在车辆停驶后立即充电，利用电池余温，可以使充电速度更快；在计划出行时，要充分考虑冬季车辆续驶里程下降的问题。

典型工作任务

任务 **01** 交流充电系统低压故障排除

一、任务导入

1. 任务描述

现有帝豪 EV450 无法充电，插入交流慢充充电枪后车辆无法充电，屏幕无充电显示，如图 5-15 所示，打开钥匙开关，车辆可以正常进入 "READY" 状态，可以正常行驶。

图 5-15 故障车辆仪表显示

2. 任务分析

车辆可以正常上电行驶，说明高压动力蓄电池母线连接以及车辆低压供电以及 VCU、IPU 等单元都能够正常工作，因此怀疑是车载充电机线路或者车载充电机故障，如图 5-16 所示。

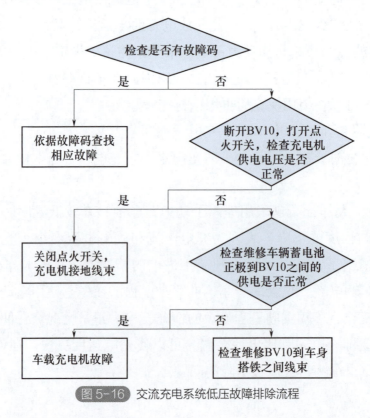

图 5-16 交流充电系统低压故障排除流程

（1）故障验证

将电源开关置于 OFF 档，连接交流充电枪，仪表充电连接指示灯点亮，充电指示灯未点亮，且充电口指示灯未变绿，无法交流充电，如图 5-17 所示。

（2）故障分析

充电枪连接后，车载充电机（OBC）检测到 CC 信号电压拉低后，将充电枪连接信

图 5-17　故障现象

号通过 P-CAN 总线告知 VCU；VCU 接收到 OBC 发来的充电枪连接信号通过 V-CAN 告知组合仪表，组合仪表收到该信号后点亮充电连接指示灯。该故障现象仪表充电连接指示灯点亮，说明 CC 信号及 OBC 通信线路正常。同时充电枪连接后 OBC 根据 CP 电压信号从 12V 电压转变为 9V 的 PWM 信号，通过 V-CAN 告知 VCU 车辆正在充电；VCU 接收该信号，通过 V-CAN 告诉组合仪表车辆正在充电，组合仪表接收到该信号后点亮仪表充电指示灯及充电电流指示等。该故障现象仪表上无法显示充电指示灯及充电电流等，说明故障可能在 CP 信号相关线路、充电枪 CP 线路、OBC 元件等。

二、任务资讯

车载充电机除了和外部供电设备进行充电连接状况的确认与充电功率的协调之外，还需要和车辆上的其他模块和部件协调才能够完成交流充电的过程。帝豪 EV450 的 DC/DC 模块集成在车辆的电机控制器中，因此在充电过程中，电机控制器也通过 VCU 控制 DC/DC 模块继电器唤醒进入到工作状态，为整车在交流充电的过程中提供 12V 的低压直流电源。

三、实施准备

在维修带有高电压的新能源汽车前，务必规范执行高压电的断电和检验操作，避免因意外造成高压触电。在进行高压系统断电前，必须做好场地布置、绝缘用品准备、断开低压电源等工作。

四、制订计划

计划表

1. 作业计划

序号	作业项目	检查要点	完成情况
1	场地布置	环境检查	
2		检查绝缘垫	
3		设立隔离柱	
4		布置警戒线	
5		张贴警示牌	
6		工位	
7	绝缘用品准备	根据设备清单检查	
8	断开低压电源	断开低压电源负极	

2. 设备清单

序号	设备名称	用途	规格型号	数量	完成情况
1	隔离带				
2	安全警告标志牌				
3	车辆挡块				
4	灭火器（水基型、干粉型）				
5	绝缘杆				
6	绝缘垫				
7	绝缘工作台				
8	棉线手套				
9	绝缘手套				
10	防静电手套				
11	护目镜				
12	安全帽				
13	车外三件套				
14	车内多件套				
15	洗手液				
16	急救包				
17	除颤仪				
18	万用表				
19	诊断仪				
20	万用接线盒				
21	绝缘工具套装				

（续）

序号	设备名称	用途	规格型号	数量	完成情况
22	维修手册				

审核	小组审核意见				
			组长签名： 年 月 日		
	教师审核意见				
			教师签名： 年 月 日		

五、任务实施

在做好个人安全防护、维修场地安全检查之后，按照准备流程，做好各项准备工作。

诊断流程：

1）确认车辆蓄电池状态，通过解码仪读取故障码。发现无法读取充电系统的故障码与数据流。

2）断开 BV10，将电源开关开到 ON 档，测试 BV10/4 端子的电压，见表 5-7。

表 5-7　BV10 端子电压测试表

测量位置	测试值	诊断结果
BV10/4—搭铁	0.1V	不正常

3）测试 EF27 熔丝两端电压值，见表 5-8。

表 5-8　EF27 熔丝电压测试表

测量位置	测试值	诊断结果
EF27/1—搭铁	12.1V	正常
EF27/2—搭铁	0.1V	不正常

4）基本确认 EF27 熔丝出现故障，拆下 EF27 熔丝测试电阻值，见表 4-9。

表 5-9　EF27 熔丝电阻测试表

测量位置	测试值	诊断结果
EF27/1—EF27/2	∞	不正常

5）确认 EF27 熔丝断路，更换同型号熔丝后测试，充电正常。

六、任务记录工单

任务单	交流充电系统低压故障排除	班级： 姓名：

1. 车辆信息记录

品牌		整车型号		生产年月	
电机型号		动力蓄电池容量		行驶里程	
车辆识别代码					

2. 车辆基本检查

检查项目	检查情况		
安全防护		是	否
辅助蓄电池电压		异常	正常
高压部件安装及插接器连接情况		异常	正常

3. 故障现象记录

诊断项目	诊断内容
确认故障现象	

4. 读取相关故障码

诊断项目	诊断内容
相关故障码描述	

5. 记录相关主要数据流

诊断项目	诊断内容
相关数据流描述	

6. 故障范围分析

诊断项目	诊断内容
初步诊断故障范围	

7. 交流充电系统低压故障排除

步骤	操作项目	完成情况	结果分析
1			
2			
3			
4			
5			
6			
7			
8			

8. 检测结论

确认故障部位	
故障机理描述	

任 务 评 价

交流充电系统低压故障排除		姓名:	
日期:	班级:	学号:	
自我评价:□熟练 　　　　□不熟练	组长评价:□熟练　□不熟练	教师签名:	
教师评价:□优秀　□良好　□合格　□不合格			

新能源汽车高压断电流程评分细则

序号	评分项	得分条件	分值	评分要求	自我评价	组长评价	教师评价
1	安全/7S/态度	□1. 能接受任务并完成任务 □2. 能进行设备和工具安全检查 □3. 能进行车辆安全防护操作 □4. 能进行人员高压安全防护操作 □5. 能进行三不落地操作 □6. 能进行团队合作作业 □7. 能进行工位7S操作 □8. 能进行有效沟通	20	未完成1项扣3分,扣分不得超过20分	□能做到 □做不到	□能做到 □做不到	□优秀 □良好 □合格 □不合格
2	专业技能	□1. 能正确检查车辆基本状态 □2. 能正确检查无钥匙进入模块故障现象 □3. 能正确读取故障码及数据流信息 □4. 能正确分析故障原因 □5. 能正确制定诊断检测流程 □6. 能正确使用检测设备 □7. 能正确找到故障点 □8. 能正确分析故障机理 □9. 能合理提出维修建议	40	未完成1项扣5分,扣分不得超过40分	□熟练 □不熟练	□熟练 □不熟练	□优秀 □良好 □合格 □不合格
3	工具及设备使用能力	□1. 能正确使用维修工具 □2. 能正确使用充电装置 □3. 能正确使用万用表、诊断仪、示波器等诊断设备 □4. 能正确使用专用工具	5	未完成1项扣3分,扣分不得超过5分	□熟练 □不熟练	□熟练 □不熟练	□优秀 □良好 □合格 □不合格

（续）

序号	评分项	得分条件	分值	评分要求	自我评价	组长评价	教师评价
4	资料、信息查询能力	☐ 1. 能正确查询车辆信息 ☐ 2. 能正确使用维修手册查询资料 ☐ 3. 能正确记录所查询资料的章节及页码 ☐ 4. 能正确记录检查状态信息	10	未完成1项扣3分，扣分不得超过10分	☐熟练 ☐不熟练	☐熟练 ☐不熟练	☐优秀 ☐良好 ☐合格 ☐不合格
5	数据判断和分析能力	☐ 1. 能判断无钥匙进入模块故障仪表状态 ☐ 2. 能判断仪表指示灯状态 ☐ 3. 能判断故障码 ☐ 4. 能判断数据流 ☐ 5. 能分析诊断仪器检测结果	10	未完成1项扣2分，扣分不得超过10分	☐能做到 ☐做不到	☐能做到 ☐做不到	☐优秀 ☐良好 ☐合格 ☐不合格
6	表单填写及撰写能力	☐ 1. 字迹清晰 ☐ 2. 语句通顺 ☐ 3. 无错别字 ☐ 4. 无涂改 ☐ 5. 无抄袭	5	未完成1项扣1分，扣分不得超过5分	☐熟练 ☐不熟练	☐熟练 ☐不熟练	☐优秀 ☐良好 ☐合格 ☐不合格
7	素养	☐ 1. 注重团队合作 ☐ 2. 注意安全防护 ☐ 3. 注意保护实训设备 ☐ 4. 做到三不伤害 ☐ 5. 保护环境	10	未完成1项扣2分，扣分不得超过10分	☐能做到 ☐做不到	☐能做到 ☐做不到	☐优秀 ☐良好 ☐合格 ☐不合格

否决项：1. 操作过程产生高压危险或设备损坏；2. 操作人员或其他人员受伤；3. 隐瞒车辆故障或其他安全隐患

总分：_____

_____

_____

_____

_____

任务 02　OBC 及其电路故障诊断与排除

一、任务导入

1. 任务描述

某吉利帝豪 EV450 纯电动汽车，车主反映车辆启动正常，关闭点火开关，对车辆进行交流充电时仪表能够显示充电连接指示灯，车辆显示充电正常，但是无充电电流。

2. 任务分析

（1）故障验证

将电源开关置于 OFF 档，连接交流充电枪，充电口绿色指示灯正常工作，仪表充电连接指示灯点亮，正常显示充电状态，但是没有充电电流读数，无法交流充电，如图 5-18 所示。

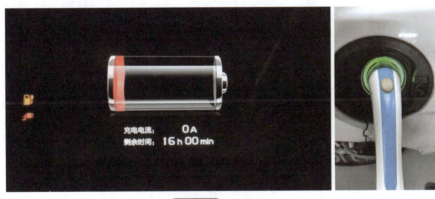

图 5-18　故障现象

（2）故障分析

充电枪连接后，车辆仪表正常显示充电信息界面，说明充电机、VCU 和 BMS 都已经进入正常工作状态，但是充电电流未显示，可能是由于高压配电模块内部电路故障或者充电机交流输入电源故障。

如图 5-19 所示，交流充电插座将 AC220V 电源通过 BV27 插座、L/N 电路输送到车载充电机，通过变压整流后，经过 HF03 熔丝与动力蓄电池高压母线连接。若 L 或 N 电路出现故障，或者高压配电模块内部线束出现故障，均会导致车辆程序可以充电但无充电电流的故障。

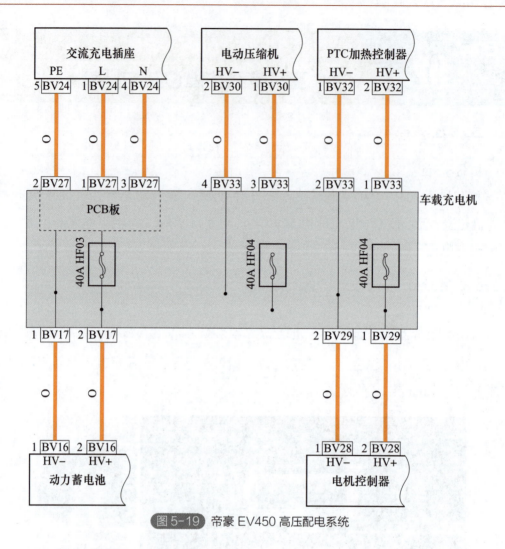

图 5-19 帝豪 EV450 高压配电系统

二、任务资讯

新能源汽车高压互锁回路完整，是整个高压系统能够上电的一个前提条件。如果高压互锁回路处在断开状态或完整性受到破坏不能正常接通，VCU会判定高压互锁系统出现故障，新能源汽车在故障没有排除之前，不能上高压电，也就不能正常行驶。

如果汽车在启动前已经发生高压互锁故障，汽车将无法上高压电，也就不能正常行驶。如果在汽车行驶过程中发生高压互锁故障，那么整车会根据安全控制策略做出反应，如发出报警信号、降低车辆运行功率、直接断开高压等，避免发生安全事故。

不同品牌、不同型号的新能源汽车由于整车设计不同，系统集成度不同，功能要求不同等原因，其高压互锁系统的连线方式及结构也略有不同。其中，吉利帝豪 EV450 高压互锁系统包括整车控制器、电机控制器、车载充电机、空调压缩机、PTC 五大组件，整车控制器作为主控模块，负责信号发射和回收、高压互锁回路功能完整性判断以及应对策略实施。

三、实施准备

在维修带有高电压的新能源汽车前，务必规范执行高压电的断电和检验操作，避免因意外造成高压触电。在进行高压系统断电前，必须做好场地布置、绝缘用品准备、断开低压电源等工作。

四、制订计划

计划表

1. 作业计划			
序号	作业项目	检查要点	完成情况
1	场地布置	工位环境检查	
2		检查绝缘垫	
3		设立隔离柱	
4		布置警戒线	
5		张贴警示牌	
6	绝缘用品准备	根据设备清单检查	
7	断开低压电源	断开低压电源负极	

2. 设备清单				
序号	设备名称	用途	规格型号	数量	完成情况
1	隔离带				
2	安全警告标志牌				
3	车辆挡块				
4	灭火器				
5	绝缘杆				
6	绝缘垫				
7	绝缘工作台				
8	棉线手套				
9	绝缘手套				
10	护目镜				
11	安全帽				
12	车外三件套				

（续）

序号	设备名称	用途	规格型号	数量	完成情况
13	车内多件套				
14	急救包				
15	除颤仪				
16	万用表				
17	诊断仪				
18	万用接线盒				
19	绝缘工具套装				
20	维修手册				
审核	小组审核意见		组长签名： 年 月 日		
	教师审核意见		教师签名： 年 月 日		

五、任务实施

1. 故障诊断流程

1）连接诊断仪，读取故障代码及数据流，如图 5-20 所示。

2）分析数据流。

从充电机数据流中可见，电网输入电流与输出电流均接近 0A，说明低压电控部分做好了充电准备但是实际并没有产生充电功率，有可能是高压电路故障引起的。

图 5-20 数据流

3）诊断。

断开充电机交流输入端子 BV27，测量端子与充电口的电阻，见表 5-10，如图 5-21 所示。

表 5-10　BV27 端子电阻测试表

测量位置	测试值	诊断结果
BV27/1 — BV24/1	0	正常
BV27/2 — BV24/5	0	正常
BV27/3 — BV24/4	∞	不正常

图 5-21　测试流程图

2. 故障确认

经检查，发现交流充电线路高压线 N 断路。

3. 故障排除及验证

更换高压充电线束，并对车辆进行交流充电，车辆能正常充电，如图 5-22 所示。

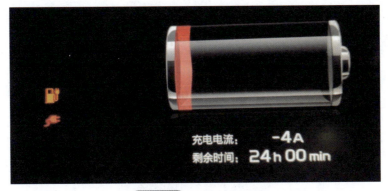

图 5-22　正常充电显示

4. 任务记录工单

任务单	OBC 及其电路故障诊断与排除	班级： 姓名：

1. 车辆信息记录

品牌		整车型号		生产年月	
电机型号		动力蓄电池容量		行驶里程	
车辆识别代码					

2. 车辆基本检查

检查项目	检查情况		
安全防护		是	否
辅助蓄电池电压		异常	正常
高压部件安装及插接器连接情况		异常	正常

3. 故障现象记录

诊断项目	诊断内容
确认故障现象	

4. 读取相关故障码

诊断项目	诊断内容
相关故障码描述	

5. 记录相关主要数据流

诊断项目	诊断内容
相关数据流描述	

6. 故障范围分析

诊断项目	诊断内容
初步诊断故障范围	

7. OBC 及其电路故障诊断与排除

步骤	操作项目	完成情况	结果分析
1			
2			
3			
4			
5			
6			
7			
8			

8. 检测结论

确认故障部位	
故障机理描述	

任 务 评 价

OBC 及其电路故障诊断与排除		姓名:	
日期:	班级:	学号:	
自我评价:□熟练 　　　　　□不熟练	组长评价:□熟练　□不熟练	教师签名:	
教师评价:□优秀　□良好　□合格　□不合格			

OBC 及其电路故障诊断与排除评分细则

序号	评分项	得分条件	分值	评分要求	自我评价	组长评价	教师评价
1	安全/7S/态度	□1. 能接受任务并完成任务 □2. 能进行设备和工具安全检查 □3. 能进行车辆安全防护操作 □4. 能进行人员高压安全防护操作 □5. 能进行三不落地操作 □6. 能进行团队合作作业 □7. 能进行工位 7S 操作 □8. 能进行有效沟通	20	未完成 1 项扣 3 分,扣分不得超过 20 分	□能做到 □做不到	□能做到 □做不到	□优秀 □良好 □合格 □不合格
2	专业技能	□1. 能正确检查车辆基本状态 □2. 能正确检查无钥匙进入模块故障现象 □3. 能正确读取故障码及数据流信息 □4. 能正确分析故障原因 □5. 能正确制定诊断检测流程 □6. 能正确使用检测设备 □7. 能正确找到故障点 □8. 能正确分析故障机理 □9. 能合理提出维修建议	40	未完成 1 项扣 5 分,扣分不得超过 40 分	□熟练 □不熟练	□熟练 □不熟练	□优秀 □良好 □合格 □不合格
3	工具及设备使用能力	□1. 能正确使用维修工具 □2. 能正确使用充电装置 □3. 能正确使用万用表、诊断仪、示波器等诊断设备 □4. 能正确使用专用工具	5	未完成 1 项扣 3 分,扣分不得超过 5 分	□熟练 □不熟练	□熟练 □不熟练	□优秀 □良好 □合格 □不合格

（续）

序号	评分项	得分条件	分值	评分要求	自我评价	组长评价	教师评价
4	资料、信息查询能力	□ 1. 能正确查询车辆信息 □ 2. 能正确使用维修手册查询资料 □ 3. 能正确记录所查询资料的章节及页码 □ 4. 能正确记录检查状态信息	10	未完成1项扣3分，扣分不得超过10分	□熟练 □不熟练	□熟练 □不熟练	□优秀 □良好 □合格 □不合格
5	数据判断和分析能力	□ 1. 能判断无钥匙进入模块故障 仪表状态 □ 2. 能判断仪表指示灯状态 □ 3. 能判断故障码 □ 4. 能判断数据流 □ 5. 能分析诊断仪器检测结果	10	未完成1项扣2分，扣分不得超过10分	□能做到 □做不到	□能做到 □做不到	□优秀 □良好 □合格 □不合格
6	表单填写及撰写能力	□ 1. 字迹清晰 □ 2. 语句通顺 □ 3. 无错别字 □ 4. 无涂改 □ 5. 无抄袭	5	未完成1项扣1分，扣分不得超过5分	□熟练 □不熟练	□熟练 □不熟练	□优秀 □良好 □合格 □不合格
7	素养	□ 1. 注重团队合作 □ 2. 注意安全防护 □ 3. 注意保护实训设备 □ 4. 做到三不伤害 □ 5. 保护环境	10	未完成1项扣2分，扣分不得超过10分	□能做到 □做不到	□能做到 □做不到	□优秀 □良好 □合格 □不合格

否决项：1. 操作过程产生高压危险或设备损坏；2. 操作人员或其他人员受伤；3. 隐瞒车辆故障或其他安全隐患

总分：_____

参 考 文 献

［1］李缘忠，李卫. 纯电动汽车构造与维修［M］. 上海：上海科学普及出版社，2018.

［2］祝良荣，葛东东. 纯电动汽车构造与检修［M］. 北京：机械工业出版社，2019.

［3］陈社会. 混合动力汽车构造与维修［M］. 北京：机械工业出版社，2017.

［4］吴荣辉，金朝昆. 新能源汽车高压安全与防护［M］. 北京：机械工业出版社，2021.